市民社会与国家二分架构研究

赵志勇◎著

SHIMINSHEHUI YU GUOJIA
ERFENJIAGOU YANJIU

中国社会科学出版社

图书在版编目(CIP)数据

市民社会与国家二分架构研究 / 赵志勇著 . —北京:中国社会科学出版社,
2015.4

ISBN 978 – 7 – 5161 – 6061 – 9

Ⅰ.①市… Ⅱ.①赵… Ⅲ.①市民 – 城市社会学 – 研究②市民 – 关系 –
国家 – 研究 Ⅳ.①C912.81②D03

中国版本图书馆 CIP 数据核字(2015)第 095029 号

出 版 人	赵剑英
责任编辑	任　明
责任校对	朱妍洁
责任印制	何　艳

出　　版	中国社会科学出版社
社　　址	北京鼓楼西大街甲 158 号
邮　　编	100720
网　　址	http://www.csspw.cn
发 行 部	010 – 84083685
门 市 部	010 – 84029450
经　　销	新华书店及其他书店

印刷装订	北京市兴怀印刷厂
版　　次	2015 年 4 月第 1 版
印　　次	2015 年 4 月第 1 次印刷

开　　本	710 × 1000　1/16
印　　张	8.75
插　　页	2
字　　数	139 千字
定　　价	48.00 元

凡购买中国社会科学出版社图书,如有质量问题请与本社营销中心联系调换
电话:010 – 84083683

目　　录

绪　论

　　市民社会理论涉及对社会历史的一种基本理解，从古希腊、罗马开始，就一直受到历史哲学、政治哲学以及法哲学、社会学等多重关注。现代市民社会理论是由黑格尔确立，由马克思完善的。市民社会理论是黑格尔哲学从自然哲学转向社会哲学的重要关节点。马尔库塞在谈到"从哲学到社会理论"时认为，从哲学向国家和社会领域的过渡已经成为黑格尔体系的一个内在本质部分，而且成为一个新的理论的兴奋中心。哲学已经转化为社会理论（《理性和革命——黑格尔和社会理论的兴起》）。马克思也正是从国家与市民社会关系这一难题入手，去创立新的社会历史哲学的。所以，市民社会理论研究在现代哲学的重心由自然哲学向社会哲学转移中占有重要的地位。20世纪70—80年代，在欧美学界以及20世纪90年代以来在中国学界兴起的市民社会理论研究热潮，表现了在现代哲学向生活世界转向的理论背景和当代人类生存矛盾的实践背景下，它所受到的又一轮重大关注。现在，对市民社会呈现出多学科、多角度的研究，如政治学、法学、社会学主要关注民主、法制、社会组织等问题的研究，哲学界多着重于黑格尔、马克思、葛兰西、哈贝马斯等关于市民社会与国家关系的理论研究等。本文则以个人生活和公共生活的演变及资产阶级启蒙思想为前提论证了市民社会与国家二分架构的确立、二分架构下当代市民社会和国家的界定、二者不同活动原则及二分架构的发展趋势问题。

　　我们这一问题的研究有着深刻的现实背景和理论背景。

　　首先，在冷战和意识形态两极对立长期持续的历史时期，政治国家代表了整个民族和社会，其在国际舞台上以全权代表的整体形象来表达整体意志，从而弱化了本国社会相对于国家的独立特性。20 世纪 80 年代末至今，随着两极格局的弱化和冷战坚冰的融化，这种新的国际背景的确立和各国内部社会矛盾的激化，使各国人民的视野开始转向国内，来重新认识政治国家的角色和它与社会的关系。

在西方资本主义国家，市场经济初期奉行的是古典经济自由主义，市民社会和国家之间是一种简单的对立关系，国家不过是自由运行的市民社会的"守夜人"。但是，随着经济危机的爆发，在"看不见的手"的拨弄下，整个社会和国家运行到崩溃的边缘。"福利国家"虽然在一定程度上缓解了阶级矛盾，限制了自由主义，暂时解决了经济发展中出现的危机问题，但是，科层制的管理方式将国家的触角不断扩展，并伸向社会的各个领域，国家的干预导致了个人生活范围不断萎缩。政治国家与市民社会之间的界限由主张自由主义的市场经济初期的清晰状态变得再度模糊。同时，国家越来越被各种势力强大的集团所操纵，并成为其用来维护本集团利益的工具，这就使政治国家的活动范围不断扩大，市民社会领域不断缩小，阻碍了民主制度的不断完善。要根本上解决这个问题，就要限制政治国家的活动范围，使其退出所侵占的市民社会领域，使国家和市民社会领域的界限明确清晰，保证市民社会领域能够监督政治国家的行为，抵抗国家对其的不断侵害。市民社会和国家在社会发展中所表现的不稳定关系，引起了西方学界的广泛关注。以亚当·斯密为代表的古典经济自由主义，福利国家的理论渊源即资产阶级社会改良主义和凯恩斯主义，以哈耶克为代表的伦敦学派、弗里德曼为代表的货币学派、卢卡斯为代表的理性预期学派、布坎南为代表的公共选择学派和以拉弗、费尔德斯坦为代表的供给学派等组成的新自由主义体系，以吉登斯为代表的试图超越左翼民主主义和右翼新自由主义的"第三条道路"等思潮，都是对西方发达资本主义国家与市民社会关系的真实体现。

在中国，苏联模式的计划经济体制一直为我们国家所效仿。国家就是社会，社会就是国家，国家与社会一体——这是我国在实行计划经济时期的社会结构的真实写照。改革开放和实行市场经济体制之前，我国实行的是"一大二公"的所有制体制和高度集中的计划管理模式，整个社会生活都处在政治权力的支配之下，单位、企业、个人全部国有化。个人生活的目的就是为了国家，为了国家个人可以牺牲一切，国家对整个社会生活的控制达到了无所不在的地步。那时，人们几乎不会去也不可能谋求独立的个人生活。这种管理体制和国家与社会关系格局，改变了中国一穷二白的面貌，在国家重建过程中发挥了积极作用。但是，当国家从百业待兴的特殊时期过渡到正常的社会发展轨道之后，高度集中的计划管理体制及国家支配一切社会生活领域的关系格局就逐渐显现出严重的弊端。20世纪80年代以后，随着我国逐步深化改革开放，构建和完善市场经济体制，国家控制整个社会的时代在市场经济大潮的冲击下已经结束。社会生活的总体结构由"国家与社会一体"的结构形态逐渐转化为"国家与社会相对分离"的二分结构形态，国家与社会一体的社会结构只是在特殊历史阶段发挥必要的作用。国家与社会逐渐分离，国家退出某些社会生活领域，归还个人生活的自主空间，增强社会与国家的良性互动，是历史发展的必然趋势。市场经济社会在中国的确立，人们社会生活自主性的增强，相对独立于国家的个人生活空间的形成和扩大，实质上标志着市民社会的逐步形成。这种变化在改革开放30多年、新中国成立60多年的今天，是我们每一个身处其中的人都能深切感受到的。在当今中国，改革开放不断深化，市场经济体制不断完善，个人生活领域不断扩展，国家公共生活领域不断缩小，市民社会和国家关系格局正在趋于合理化。通过市场化的改革，国家对经济和社会生活的干预范围不断缩小，市场经济激活了社会各个方面的细胞，使社会发展出现了勃勃的生机，这种生机也使理论家们看到了契机。20世纪80年代初期、中期，我国先后开始的关于"计划与市场的关系"的讨论，关于"大政府"与"小政府"何者更优，以及关于"新权威主义"的争论，成为我国理论界掀起市民社会问题讨论的前期理论准备。到20世纪90年代，以邓正来为代表的一批学者，掀起了我国对市民社会理论研究的高潮。有关中国历史上有没有市民社会，怎样构建中国的市民社会，能否照搬西方的市民社会模式来理解中国的现代化道路，如何使西方的市民社会理论与中国实际相结合并实现本土化，如何研究马克思的市民社会理论等问题的讨论，从多角度丰富了我国市民社会理论。

总之，市民社会问题的国际性、全球性讨论是市场经济发展的必然结果。换言之，市场经济体制在全球各国的确立，必然引起市民社会和国家关系问题的讨论，不管是美洲还是东欧、俄罗斯学者，甚至非洲一些学者都以极大的热情参与到世界性的市民社会问题的研究热潮当中。虽然各国的学者对市民社会问题的看法不一致，但是学者们对市民社会问题的广泛关注和热烈讨论已经在当今国际上形成了一种"市民社会的话语体系"。

其次，后现代主义对现代性的批判也为我们研究市民社会理论增加了新的背景。个人是现代性的出发点，现代社会越来越重视个人的权利、利益和全面发展。但是，市场体系为个人发展提供平台的同时，市场体系的全球化也使世界各国在生产、消费、文化等领域趋同，其强大的整合能力使人类生活越来越整体化了，其结果却是建立起超越个人的庞大的生产—流通—消费体系。在这个体系中，个人反而显得微不足道了。个体的个体性经常被整体的整体性所泯灭。一些西方学者指出：现代社会"倾向于为任何个人参加者扩大社会的总规模，使他的环境失去人性和失去个性"。代表整体性的效率原则、消费主义、大众文化等造就出了千人一面的"单面人"即失去了个性的个体，并使试图反抗它的个体成为"局外人"。现代性最终面对的是悖论式的局面：以个体性为出发点的现代性由于其自我对立的品格消灭着个体性。

现代性问题已经成为后现代主义思潮反思和批判的对象。西方启蒙运动以来得以确立的理性原则和科学精神是现代性的本质所在。"后现代性"是对"现代性"的理性、权威、同一性、整体性、确定性和终极价值观等进行反思。所以，作为后现代主义的批判工具的后现代性的特点可以概括为三个方面：一是反理性。后现代主义既反对科学理性，又反对终极性的价值理性。他们批判科学理性的权威，批判追求终极真理的哲学观；他们从人的生活和经验永远是个别的、杂乱的、不协调的观念出发，倡导一种非统一的、个别性的价值认识。二是反中心性、反同一性、反整体性。这是解构主义提出的要求，解构主义的目标就是拆除具有中心指涉结构的整体性、同一性，而把差异性、边缘性原则作为判断一切事物价值的根据。德里达提出"解构"概念，利奥塔对"元话语"的质疑和提出"谬误推理"，福柯选择疯癫等反常现象研究人文科学史都体现了差异性与边缘性原则。三是反确定性。反对传统哲学认识论追求唯一的真理性结论，重视认识者和解释者的主体性和能动性，强调人的认识成果的多维性和动态性。

后现代主义对现代性的批判并不是完全抽象的哲学议论，而是对现实实践矛盾的一种深刻反思。不难看出，现代性所形成的同一性、整体性、权威性等弊端，集中体现在政治国家身上，它以整体利益代替个人利益，以整体生活淹没个人生活，这与现代人类的进一步发展趋势是背离的。事实证明，只有通过市民社会这个历史阶段培养人的独立意识、自主意识，才能为人未来的自由全面发展创造条件。现代哲学主张向生活世界转向，就是要求从过去抽象化、理性化的同一性生活返向素朴的本真的人性化生活。

综上所述，从理论要求和实际需要看，市民社会理论的研究都应该继续下去。我们以个人生活和公共生活的划分为出发点，论述市民社会和国家二分架构的确立、二分架构下当代市民社会和国家的界定、二者不同活动原则及二分架构的发展趋势问题，可以进一步深化和丰富市民社会理论内容。

就整个学术界而言，在当今的市民社会问题研究中，存在着两种完全不同的路径和取向。一种是着眼于具体的问题，对现实存在的各种市民社会组织和它们的活动进行实证性的研究，以期为特定社会的民主体制和法治建设提供直接的、技术性的支持，这是社会学和政治学的研究路向。另一种是着眼于理论分析的研究路向，即对市民社会产生和发展的内在机制以及它与政治国家的可能性关系进行一般性的探讨，力图通过理论的分析揭示市民社会的本质，这是社会哲学和政治哲学的研究路向。采取这种研究路向的学者，往往将关注的焦点放在市民社会产生和发展的内在机理和纵深的历史背景上，他们对市民社会的本质以及它与政治国家关系的一般性分析，为我们认识市民社会这种特殊的社会存在提供了重要的理论解释和方法论的支持。

就研究社会的理论范式而言，美国社会学家戴维·波普诺认为，关于社会的理论范式可以被归结为三种：功能主义、冲突论、互动论。市民社会理论其实也是理解社会的一种理论范式。它将整个社会看作是彼此分治的市民社会与政治国家互动关系中的过程和存在，因而也就设定了一个社会的构成原则。从这一设定出发，它形成了一个认识社会的独特视角。这一视角的独特之处就在于它将现代社会看作一个二分的结构体，从而赋予了市民社会与政治国家各自独立的"身份"和"生命"。根据这一理论范式，市民社会和政治国家分属于两个不同的领域，是两种不同的存在和力量，它们各有其自身的构成原则和运作方式，对整个社会发挥着极为不同的作用。这样一种考察社会的视角，显然不同于结构功能主义、冲突论或者互动论。

本书就是对市民社会与国家二分架构这种理论范式进行深层次的进一步的理论研究。从市民社会与国家二分架构的确立、当代市民社会和国家的界定、二者不同活动原则及二分架构发展趋势四个方面，以不同的理解方式深化和扩展市民社会理论核心问题。

我们继续深化和扩展市民社会与国家二分架构研究具有一定的意义。

第一，在理论方面。现代哲学向生活世界的转向，意味着哲学研究的重心从外部世界转向人本身的世界，从抽象化、理性化的生活转向素朴的、本真的生活。我们把市民社会与国家二分架构和个人生活与公共生活二分架构相联系论述市民社会与国家二分架构的确立，从个人生活和公共生活的角度给市民社会和国家下定义并分析二者的区别，以马克思自由人联合体理论为依据，结合现代市民社会和国家关系状况分析二分架构发展趋势，一方面可以避免国家成为凌驾于社会和个人之上的抽象物，避免市民社会理论的宏观和空泛性。另一方面可以进一步深化生活世界理论和市民社会理论研究。

第二，实践方面。市民社会的形成，是传统社会走向现代社会的基本标志。传统社会的基础是人们之间以自然为纽带结成的依赖性关系，个人没有独立性、自主性，国家代表和管理社会生活的一切活动。市民社会形成的基础是市场经济，人们在市场经济中以生产和交换的利益需求建立起新的社会关系，个人获得了独立性、自主性，从而形成了与国家公共生活不同的私人活动领域。国家与市民社会的分离，是现代民主、法制、个人发展等问题的前提。我国社会，无论是自然经济时期还是计划经济时期，国家与社会、整体与个人都是混为一体的，整体生活淹没了个人生活，国家利益替代了个人利益。随着市场经济的发展，必然导致市民社会的形成。国家近年来出台的从保护私人财产到个人隐私的一系列政策，表明国家已经意识到并开始承认私人生活空间的合法性。研究市民社会与国家的二分架构可以为国家政策提供理论依据。另外，在西方，虽然市民社会的形成已有几百年的历史，但在实践上也并没有完全解决问题。哈贝马斯提出的"生活世界殖民化"，揭示了现代社会中以国家为代表的，以"理性化""技术化"为特征的社会控制系统对市民社会生活的侵蚀和吞噬，说明这个问题的研究仍是现代生活的一个前沿问题。

第一章

市民社会概念的演变

一　市民社会概念的古典内涵

"市民社会"是一个异常复杂的政治哲学概念。查尔斯·泰勒就曾说道："市民社会乃是一个比我们乍看起来所想到的要远为复杂和多面的概念。"① 哈贝马斯也曾指出："要在有关书籍中寻找关于市民社会的清晰定义自然是徒劳的。"② 然而，同样毋庸置疑的是，"市民社会与政治国家"的分析框架几乎决定性地成为人们讨论市民社会问题的范式。因此，我们可以在错综复杂的市民社会话语中找到一条理清这种话语之逻辑演进的基本线索，这便是"市民社会与国家"关系的线索。依据这条线索，我们可以把迄今为止的市民社会概念理解为三种内涵，即以亚里士多德和西塞罗的市民社会概念为代表的古典意义的市民社会概念，黑格尔和马克思市民社会概念为代表的现代意义的市民社会概念，以及由葛兰西所开启并由哈贝马斯所发展的当代意义上的市民社会概念。

一般认为，最早对市民社会概念做出界定的是亚里士多德。亚里士多德在其《政治学》一书中首先提出了"Politike Koinonia"的概念，在拉丁文中被译为"Societas Civilis"，后者在英文中又被译为"Civil Society"，即"市民社会"。"Politike Koinonia"在亚里士多德的语境中指的

---

① 查尔斯·泰勒：《市民社会的模式》，载邓正来主编《国家与市民社会》，中央编译出版社2002年版，第4页。

② 哈贝马斯：《公共领域的结构转型》，曹卫东等译，学林出版社1999年版，（1990年版序言）第29页。

是政治共同体或城邦国家。因此，亚里士多德实际上是将"市民社会"定义为政治共同体或城邦国家。

在亚里士多德看来，城邦是一个由公民所组成的公民群体，公民是城邦的主体。一个人之为公民，不是由他的处所来决定，而是由他享有的权利来决定，首要的就是参与城邦政治活动的权利。这些政治权利主要包括议事、司法和行政三类。亚里士多德说道："凡有权参加议事和审判职能的人，我们就可以说他是那一城邦的公民。"① 因此，在亚里士多德那里，公民权是和政治参与权分不开的，这印证了他那句名言："人类在本性上，也是一个政治动物。"② 而唯有在城邦建立之后，人们才得以在政治生活中度过自己的一生，也就是说，城邦本质上是一个政治的聚集地和政治的共同体，即"政治的领域"，离开了城邦，人就不能过上政治生活，也就不能成为其公民了。这样看来，由城邦的建立而形成的市民社会（公民社会），实质上就是一种政治社会，没有了政治，也就没有了城邦，没有了市民社会。

除此之外，亚里士多德界定的市民社会概念还包含"文明社会"或"道德社会"的含义。客观地讲，城邦的出现是古希腊从野蛮走向文明、从部落制度走向国家的标志，也是它们区别于野蛮民族的标志。在《政治学》中，城邦是和家庭相对立的。在亚里士多德看来，城邦的形成虽然要晚于家庭和村落这两个共同体，但它在道德上却是最高的共同体，只有在这种共同体中，人们才有可能过上最美好的生活。这一方面是因为，亚里士多德将城邦视为道德即善和美好生活的领域。在他看来，"城邦是若干生活良好的家庭或部落为了追求自足而且至善的生活，才自行结合而构成的"③。即是说，城邦的建立，"其目的总是为了完成某些善业"④。因此，"真正无愧为一'城邦'者，必须以促进善德为目的"⑤。同时，"城邦不仅为生活而存在，实在应该为优良的生活而存在"⑥。也就是说，城邦追求的不仅是物质上的需要，更是追求幸福的

---

① 亚里士多德：《政治学》，吴寿彭译，商务印书馆 1983 年版，第 113 页。
② 同上。
③ 同上书，第 140 页。
④ 同上书，第 3 页。
⑤ 同上书，第 138 页。
⑥ 同上书，第 137 页。

生活。这种幸福生活"不光是比日常生活更加完美、更加无忧无虑或更加高贵，而且还具有一种完全不同的性质。它之所以是'幸福的'，是因为公民驾驭了单纯生活的种种必然性，从劳役和工作中解脱出来，克服了一切生物对于自身生存的内在的紧迫要求。这样一来，'幸福的'生活就不再受到肉体性生命过程的束缚了"①。另一方面是因为，亚里士多德把城邦描绘为自由和平等的领域。他认为，城邦是由自由和平等的公民构成的共同体，公民平等享受参加政治共同体各种活动的基本权利。这正如汉娜·阿仑特所说："城邦仅仅是由一些'平等的人'组成的。"② 恰恰因为如此，它才是自由之地，原因在于，"自由意味着既不受制于生活的必然性或他人的命令，也不对其他人发号施令。它既不意味着统治，也不意味着被统治。"③ 因此，一个人只有进入平等的城邦生活中，他才是自由的。

通过分析，我们可以看出，亚里士多德所描述的作为城邦国家的市民社会同时具有多重含义。它既是指公民社会和政治社会，又指文明社会和道德社会，同时还代表了一种公共领域。当然，这种多重含义之间并不是孤立的，而是彼此渗透在一起，共同表示出古希腊人对城邦的理解。实际上，亚里士多德所界定的市民社会概念，是基于当时的社会现状的，他的概念反映的恰恰是当时古希腊的现实政治经济情况。当然，也表达了古希腊人对政治理想的憧憬。总体上看，亚里士多德的市民社会概念奠定了古典市民社会理论传统的基础。在以后的几个世纪里，人们基本上都是在这个概念的框架内把握市民社会问题的。这首先就体现在以政治理论家西塞罗为代表的古罗马人对市民社会的理解中。

据考察，西塞罗于公元前 1 世纪将亚里士多德在《政治学》一书中提出的 "Politike Koinonia" 一词转译为拉丁文 "Societas Civilis"。根据安东尼·布莱克在《布莱克维尔政治学百科全书》中的解释，"Societas Civilis" 不仅意指"单一国家，而且也指业已发达到出现城市的文明政治共同体的生活状况。这些共同体有自己的法典（民法），有一定程度

---

① 汉娜·阿仑特：《公共领域与私人领域》，载汪晖、陈燕谷主编《文化与公共性》，生活·读书·新知三联书店 1998 年版，第 68 页。

② 同上书，第 65 页。

③ 同上。

的礼仪和都市特性（野蛮人和前城市文化不属于市民社会）、市民合作
及依据民法生活并受其调整以及'城市生活'和'商业艺术'的优雅
情致"①。依照这种解释，我们可以把西塞罗所定义的市民社会剥离为
三层含义：其一，指国家；其二，指拥有自己的法律，并且其中的人们
依法行事的政治共同体，即政治社会；其三，指有着自己的都市文化和
商业文化的文明社会。其实，civilis一词在拉丁文中既有"公民权"和
"公民群体"之意，又有"国家"之意，与res publica（共和国、国家）
相近。因此，西塞罗的市民社会概念同样意指公民社会。

从这种分析中不难发现，西塞罗的市民社会概念深深烙上了亚里士
多德思想的印记。但他在继承亚氏思想的同时，又将新的内容填充进对
市民社会问题的讨论中，从而在古罗马的理论与实践基础上发展了古希
腊的市民社会理论。就作为公民社会的市民社会而言，西塞罗主张扩大
公民范围和公民所应享有的权利。在亚里士多德那里，妇女、奴隶和外
族人都不可能成为城邦的公民。而西塞罗则指出，国家的公民同样应该
包括平民阶层，而且国家应该考虑全部公民而不是部分公民的利益。当
然，与亚里士多德一样，西塞罗同样强调政治权利之于公民权利的重要
性，进而强调国家政权对于市民社会和文明的重要意义。因此，根据西
塞罗的观点，"市民社会是一种使得文明成为可能的政治权利组织"②，
一旦政治发生腐败和堕落，则"意味着市民社会将不复存在"③。对政
治共同体之存在的理念规范的解释是西塞罗市民社会理论中最具创新性
的内容。在他看来，作为一种共同体，共和国是所有公民群体的组合。
然而，就当时的实际情况来看，共和国成员之间，特别是平民和贵族之
间，因利益不同、观念差异，极易发生冲突，导致罗马帝国发生危机，
甚至趋于分裂和瘫痪。为了弥补个人和共同体之间的裂痕，拯救危机中
的罗马共和国，先是晚期的斯多葛学派构设出一套诸如自我控制、善以
及献身义务和公共事务等个人和群体的规范。这些规范深深地扎根于罗

---

①　安东尼·布莱克：《布莱克维尔政治学百科全书》，中国政法大学出版社1992年版，
第125—126页。

②　John Ehrenberg, *Civil Society*：*The critical History of an Idea*，New York University Press，
1999，pp. 22—23.

③　Ibid. , p. 26.

马人的观念中，也影响了西塞罗对市民社会概念的界定。在斯多葛学派思想的基础上，西塞罗提出了"正义"和"理性"的规范，认为它们是共同体成员相互之间达致和谐共存状态的基础和普遍力量。这种"正义"和"理性"的规范并不是人为制造出来的，而是与自然的普遍法则相一致的人类普遍能力。它们不以人们的意志为转移，以一种无形力量的方式存在于政治共同体中，并规导着人们的观念和行为。因此，这种规范实质上就是一种类似自然法的东西。在《共和国》中，西塞罗宣称："事实上存在一种真正的法——即正当理性，它与自然相一致，适用于一切人，并且它是恒久而不变的。这种法律，通过命令要求人们履行各自的义务；通过禁条制止人们的违法行为。这种命令和禁条的效力总是及于好人，而对坏人一无影响。通过人类立法的方式以使这一法律无效，在道德上永远是不正当的，甚至限制它的运用也是不允许的，整个地取消它则是不可能的。"① 通过宣称这种与自然法则相一致的理性法则，西塞罗为市民社会确立了一种规范和基础。他断言，植根于自然法则的正义和理性观念构成了有组织的人类生活即市民社会的基础，并且成为它的基本组织原则。依照这种组织原则组成的市民社会，克服了由特殊利益和个体价值判断所导致的混乱状态。因此，"市民社会是一种自然的组织"②，"它的基础将总是由理性所灌注的正义，这种理性被理解为一种普遍的善，所有合法的国家结构都立足于这一原则的基础之上"③。

通过将正义和理性立基于自然法则之上而非个体的价值判断之上，并将之视为人类事物的中心，西塞罗丰富了古希腊政治哲学传统中的市民社会概念。他对自然法则的强调与推崇也足以使他成为自然法理论的最早奠基者之一。最后，在 17 世纪终于发展成孕育了现代市民社会概念的近代自然法理论。

显然，在西塞罗那里，"市民社会"也是一个集政治社会、文明社

---

① 转引自亚当·塞利格曼《近代市民社会概念的起源》，载邓正来主编《国家与市民社会》，中央编译出版社 2002 年版，第 54 页。

② John Ehrenberg, *Civil Society: The critical History of an Idea*, New York University Press, 1999, p. 25.

③ Ibid., p. 26.

会和公民社会等多层含义的概念。就此而言，它与亚里士多德的市民社会概念并无二致。但论及植根于自然法则的理性和正义规范，则又超越于亚氏概念而与千年之后的现代市民社会理念形成跨越历史的掎角之势。在这个意义上，西塞罗的市民社会概念包含了现代乃至当代市民社会理论传统的思想要素。不过总体而言，西塞罗对市民社会的讨论并没有超出亚里士多德所确立的市民社会理论框架，在范式上仍然属于古典市民社会理论传统，即古典市民社会是政治社会、文明社会、公民社会。

　　受古典市民社会概念影响的近代早期哲学家主要指的是以霍布斯、洛克、卢梭等人为代表的契约论思想家。他们是在政治社会与自然社会的二元对立模式中解释市民社会问题的。在他们看来，自然社会实际上是一种前政治社会和前国家社会，人类最初曾处于这种社会之中。虽然契约论思想家们对这种自然社会的描述不尽相同，但他们都认为这种社会有着自身不可克服的种种弊端，如缺乏安全、和平和人身保障等。因此，处于自然社会中的人必须通过缔结契约和让渡权利的方式形成政治社会或国家，以此换得国家的保护。这种通过缔结契约而形成的政治社会或国家，实际上就是他们所指涉的市民社会（在洛克那里，亦称公民社会）。于是，依照契约论思想家的观点，市民社会也就是一种与自然社会或自然状态相对立的文明社会。从这种对市民社会的界定中，我们可以看出，市民社会的含义在契约论思想家这里也没有跃出古典市民社会的理论框架。泰勒对此可谓一语言中，他说："洛克仍然是在传统的意义上——亦即'政治社会'的同义语——使用'市民社会'这一术语的。"①

　　然而，需要特别指明的是，中世纪的理论家和近代早期的契约论思想家，虽然在不同程度上以古典市民社会概念所确定的思想路径来讨论市民社会问题，但他们的某些思想和观念却又包含着一种新的市民社会理念的萌芽，他们的某些讨论和成果构成了现代市民社会概念形成的直接理论依据和思想来源。特别是对于以洛克为代表的契约论者来说，则

---

　　①　查尔斯·泰勒：《市民社会的模式》，载邓正来主编《国家与市民社会》，中央编译出版社 2002 年版，第 15 页。

更是如此。亚当·塞利格曼甚至认为，他们之中的某些思想要素构成了新时代（指现代）市民社会概念的支柱。

二　市民社会概念的现代内涵

（一）洛克学派和孟德斯鸠学派为现代市民社会概念形成作了理论铺垫

泰勒指出：对于当前全球范围内市民社会大讨论的论者来说，"他们所援引的并不是那个使用了数个世纪的、与'政治社会'具有相同含义的古老概念，而是体现在黑格尔哲学中的一个比较性概念。此一意义上的市民社会与国家相对，并部分独立于国家。它包括那些不能与国家相混淆或者不能为国家所淹没的社会生活领域"①。总体考量，由黑格尔所提出并由马克思所完善的现代市民社会理念，其核心思想和观念就是强调政治国家和市民社会的二元分离。然而，这种思想和观念并不是由黑格尔和马克思发明的。在黑格尔之前，已有许多思想家在不同程度上意识到了社会与国家分属不同的存在领域，遵循不同的运作逻辑，只是他们并没有在学理上对两者做出明确区分。这些思想家主要包括政治自由主义者和经济自由主义者。他们的理论和学说为黑格尔和马克思架构各自的市民社会概念提供了丰富的资源，从而构成了现代市民社会理念之确立所必不可少的理论依据。这正如邓正来所认为的："源出于对保护个人自由的思考以及对政治专制的批判的近代自由主义政治思想、源出于对市场经济的弘扬以及对国家干预活动的应对的近代自由主义经济思想，都对西方市民社会与国家在学理上的分野产生了影响。"②因此，在探讨黑格尔和马克思的市民社会概念之前，探讨这些早期政治自由主义和经济自由主义理论家的思想，就成为一项十分必要的工作。

一般认为，洛克是政治自由主义的最早创始人，他由此被称作"自由主义之父"。正如前文所述，虽然洛克仍然是在传统"政治社会"的

---

① 查尔斯·泰勒：《市民社会的模式》，载邓正来主编《国家与市民社会》，中央编译出版社 2002 年版，第 3 页。

② 邓正来：《市民社会与国家——学理上的分野与两种架构》，载邓正来主编《国家与市民社会》，中央编译出版社 2002 年版，第 80 页。

意义上使用"市民社会"的术语，但在他的思想中却包含着新的市民社会理念的萌芽。这是因为，他在两篇《政府论》中明确表达了一种"社会先于或外于国家而在"的观念。

众所周知，洛克是契约论思想家，又是自然法哲学家，而这双重角色是以这样的关系呈现的：自然法构成了洛克哲学的实质性精神，契约论则为其提供了概念性框架。他之所以认为人们要订立契约并让渡权利以建立国家，是因为在他看来，虽然人类最初的自然状态或自然社会是自由、平等并且充满正义和仁爱的，但是这种状态或社会依旧存在许多缺陷：第一，缺少一种确定的、规定了的、众所周知的法律，以作为共同评断是非的标准和裁判一切纠纷的尺度；第二，缺少一个有权按照既定的法律来裁判一切争端的公允的裁判者；第三，缺少权力来支持正确的判决，使它得到应有的执行。[①] 为了克服这些缺陷，人们相互协商，自愿将一部分权利赋予国家，"这就是立法和行政权力的原始权利和这两者之所以产生的缘由，政府和社会本身的起源也在于此"[②]。简单地说："安全和保障是原先建立公民社会的目标，也是他们参加公民社会的目标。"[③]

从自然法理论出发的洛克始终强调，人类自由优先于政治权威。这是因为，自由是自然状态所秉有的，而政治权威是人们约定的。人民的同意是政治国家形成的基础，亦即"政权的一切和平的起源都是基于人民的同意的"[④]。人民建立政府，只是为了寻求一种保护，而不是要树立强权压制和暴政。因此，人民"不但享有摆脱暴政的权利，还享有防止暴政的权利"[⑤]。一旦政府起不到保护人民的作用，并且违背了人民的意志和契约的条款，人民就有权推翻它，另立新政府，再建新国家。

洛克的观点具有一个鲜明特征，即认为社会先于国家和政府而存在，政府和国家只是人民为了达到生活在更加安全的状态下的目的而订立契约的结果，即只是一种"信托"。即便政府被认定为是至高无上的，它也必

---

① 洛克：《政府论》（下篇），瞿菊农、叶启芳译，商务印书馆1964年版，第5页。
② 同上书，第78页。
③ 同上书，第58页。
④ 同上书，第70页。
⑤ 同上书，第133页。

须与社会保持信托关系。因此，洛克实际上是依凭对自然状态的假定和借助契约论的手段而赋予了社会以前政治或前国家的生命。正是在这个意义上，我们认为，以洛克为代表的政治自由主义哲学家为国家与市民社会的分野提供了学理依据。换言之，"他当时恰是在为一个世纪之后出现的更新了的、与'政治社会'相对的市民社会含义做铺垫"。甚至如亚当·塞利格曼所说："没有洛克，现代市民社会观念的发展是不可能的。"然而，虽然以洛克为代表的政治自由主义哲学家赋予了社会先于或外在于国家的身份，但他们对国家和社会的区分还只是一种形式上的，对社会之所以可以独立于国家未做内在规定性的解释，亦即缺乏深层次的学理分析。这一任务是由经济自由主义思想家完成的。

与洛克等政治自由主义者不同，经济自由主义者是从另一个向度即"经济活动"的向度展开对社会外于国家之品格的论述的。以魁奈为代表的重农学派认为，人类社会存在是不以人的意志为转移的客观规律，即自然秩序。人为秩序的制定必须以这种客观的自然秩序为基准，如果违背了它，社会就将是不健康的。自然秩序的实质是个人利益和公共利益的有机统一，而这种统一得以实现的基本条件是自由经济利益的存在。因此，重农学派是从对自然秩序的阐释中引申出"自由经济"这一重要范畴的。这也构成了亚当·斯密、大卫·李嘉图等古典经济学家发展他们思想的理论基础。在这些经济学家看来，作为自由经济体系基础的只能是个人主义，因为个人是他本身利益最优秀的评断者。因此，每一位个体应该都具有自由追求经济利益、从事经济活动的权利。而经济活动无须政治权威去加以规导，它自己内部存有一种客观的规律和力量，这就是"看不见的手"。

可见，在经济自由主义者尤其是古典经济学家看来，社会实质上应该是独立于政治力量的"自由经济体系"，即包括生产、交换以及消费在内的经济行为总体。作为一个自由且自治的领域，社会遵循着自身的内在规则，不受政治国家和其他力量的干预。经济自由主义者这种观点的提出、贡献之伟大，用泰勒的话说就是一场"思想革命"。这场"思想革命"实际上是为将社会视为外在于政治品格的观念给出了一种新的解释，提供了一种新的资源。也就是说，它从一种新的视角赋予了社会以外在于政治国家而存在的地位，从而使社会获得了一种有别于政治的经济生命，在理论上为市民社会与国家的分野铺设了道路。这也就是经济自由主义者所引发的这场"思想革命"之于市民社会问题的重要意义。其中的某些观念直至今天仍然支配着有关"市民社会"性质和内容的讨论。

从上可见，以洛克为代表的政治自由主义哲学家和以亚当·斯密为代表的经济自由主义理论家都是通过赋予社会外在于政治国家之品格的方式而为现代市民社会概念的形成作理论铺垫的。因此，在查尔斯·泰勒的讨论中，这两股思想力量被融合在了一起，统称"洛克学派"。与此相呼应，另一种哲学力量也构成了现代市民社会概念的理论基础，泰勒称之为"孟德斯鸠学派"。

孟德斯鸠没有像洛克、亚当·斯密那样赋予社会以外在于国家而存在的品格，恰恰相反，在《论法的精神》中，他假定了一个强大且不可撼动的君主制政府。但他认为，这种政府并不是不受制衡的、趋向于独裁统治的，而是受制于法律的。为了使法律能够起到有效限制政府的功能，孟德斯鸠又假定了一种独立实体，也即"中介实体"，它在法律中占有了一席之地，与法治相互支持、生死与共。从孟德斯鸠的这种观点中，我们可以发现，他仍然是像古典市民社会理论家那样以政治组织来界定社会，但他却同样为市民社会与国家相分离的观念奠定了基础。只不过，他没有采取洛克的方式，也不同于古典经济自由主义者。毋宁说，他的天才之处在于在市民社会与国家之外构设出第三种标准。这种标准在某种意义上相对于城邦，但对参与者而言则是关于自由和尊严的判准。具体而言，孟德斯鸠虽然是以政治组织来界定社会，但这种界定在宪法上是分散的，也就是说，在许多独立的机构和力量之间分配着权力；而且，在他那里，还存在并非为了政治目的而成立的独立实体（独立社团），它们的重要性并不在于构成了一个非政治的社会领域，而在于它们构成了政治体系中权力分立及多样化的基础。简言之，孟德斯鸠是通过将社会视为国家中心权力与一系列已经确立且根深蒂固的权力之间的一种平衡状态而为市民社会与国家的分野设定基础的。①

---

① 查尔斯·泰勒：《吁求市民社会》，载汪晖等主编《文化与公共性》，生活·读书·新知三联书店1998年版；查尔斯·泰勒：《市民社会的模式》，载邓正来主编《国家与市民社会》，中央编译出版社2002年版。

（二）黑格尔的现代市民社会概念

如果说 17、18 世纪的政治自由主义者和经济自由主义者是现代市民社会概念形成的理论准备者，那么，黑格尔就是这种概念的提出者。黑格尔在其《法哲学原理》中第一次明确区分了国家与市民社会，并详尽阐述了市民社会的构成、性质以及作用等问题，从而构建起系统的市民社会理论，为思想界创造了一笔宝贵财富。

作为黑格尔哲学体系中的一个重要范畴，"市民社会"在他的正、反、合的"伦理"概念中得到论述。黑格尔将家庭、市民社会、国家理解为伦理概念客观化过程中的必经环节。市民社会处在家庭和国家之间的差别阶段，是伦理观念发展链条中的重要一环。在黑格尔看来，市民社会"是各个成员作为独立的单个人的联合，因而也就是在形式普遍性中的联合，这种联合是通过成员的需要，通过保障人身和财产的法律制度，和通过维护他们特殊利益和公共利益的外部秩序而建立起来的"①。从这个定义中，我们可以看出，黑格尔所说的市民社会具有以下特征：

其一，市民社会是由各自独立而又彼此相互依赖的原子式的个人所组成的联合体。在这个联合体中，作为特殊个体的市民社会成员彼此是相互独立的，每一个人都以自身为目的，即"具体的人作为特殊的人本身就是目的；作为各种需要的整体以及自然必然性与任性的混合体来说，他是市民社会的一个原则"②。同时，市民社会成员彼此之间又是相互依存的。个人要达到他自身的目的，又需要把其他人作为中介和条件，亦即"特殊的人在本质上是同一些这种特殊性相关的，所以每一个特殊的人都是通过他人的中介，同时也无条件地通过普遍性的形式的中介，而肯定自己并得到满足"。这是因为，"其中一个所做的虽然看来是同另一个相对立的，并且以为只有同另一个保持一定距离才能存在，但是每一个毕竟要以另一个为其条件"③。

其二，"需要的体系"构成市民社会及其活动的主要内容。所谓的

① 黑格尔：《法哲学原理》，范扬、张企泰译，商务印书馆 1982 年版，第 174 页。
② 同上书，第 197 页。
③ 同上书，第 198 页。

"需要"，主要指的是人民的物质生活和物质利益的需要以及观念上的精神需要，是独立的个体相互发生关联的纽带。在黑格尔那里，需要的核心观点是"劳动"。"人通过流汗和劳动而获得满足需要的手段"①，也就是说，人们通过各种各样的劳动过程，将自然的东西变成人的东西，将自然世界变为人的世界，从而满足人的各种需要。因此，劳动成为人的需要与外在物之间的必要中介。"劳动"中介"需要"，劳动又生产出财富，而财富的分配"一方面受到自己的直接基础（资本）的制约，另一方面受到技能的制约，而技能本身又转而受到资本，而且也受到偶然情况的制约；后者的多样性产生了原来不等的禀赋和体质在发展上的差异。这种差异在特殊性的领域中表现在一切方面和一切阶段，并且连同其他偶然性和任性，产生了各个人的财富和技能的不平等为其必然后果"②。简单地说，人们劳动资本和劳动技能的差异以及偶然因素的存在，造成了人们经济关系中的分配不均，由此也就造成了人们的等级差别。可见，以需要的体系和劳动来界定市民社会，意味着市民社会被看作是经济活动和经济关系的领域。

其三，市民社会拥有自己的警察和同业公会组织以及整套的法律体系。由于作为需要体系的市民社会造成了财富和等级的差别，其中最核心的是私有产权的差别。而在黑格尔看来，这种私有产权及其差别的存在都是正常的，都获得了其"有效的现实性"③。承认人的财产权的有效性，同时就意味着承认人有保护自己财产权的合法性。黑格尔认为，人们可以订立契约，以维持人们之间的财产关系，而等级之间的财产关系和契约关系又必须由司法加以规定和维系。这样一来，"所有权和人格都得到法律上承认，并具有法律上效力"④。然而，黑格尔又认为，仅有司法是不够的，因为市民社会的成员在追求自己财富和利益的过程中，"既受到他的任性和自然特殊性的制约，又受到客观的需要体系的制约"⑤。因此，保护个人的人身和财产安全等特殊利益，反对偶然因

---

① 黑格尔：《法哲学原理》，范扬、张企泰译，商务印书馆1982年版，第209页。
② 同上书，第217页。
③ 同上书，第209页。
④ 同上书，第228页。
⑤ 同上书，第237—238页。

素和意外事件的侵害，就成为市民社会的迫切需要。这就是警察和同业公会的职责。具体来说，警察是以外部的方式保护和保全特殊利益，同业公会则主要是以市民社会成员内部的方式实现和促进特殊利益。除此之外，它们的职责还在于实现特殊利益和普遍利益的具体、现实的统一。

市民社会的这些特征清楚地表明，它是一个不同于国家而独立于国家的领域，在某种程度上它是一个自足的领域。因为，作为"单一的个人、各阶层、各团体和各机构的有序组合，它们之间的交往乃是由民法所调整的，且正因为如此，它们不直接依赖于政治国家本身。"① 更重要的是，黑格尔把市民社会规约为具有高度自律性的需要的体系，即以市场为核心的经济活动和经济关系体系。在这个体系中，人是自私自利的，人的主要活动或本质活动是攫取性的。因此，黑格尔既没有像古代哲学家那样透过政治组织来界定市民社会，也没有像洛克等政治自由主义者那样认为社会先于国家而存在，恰恰相反，他认为市民社会的形成比国家晚，因而是一种特殊的社会，即市场经济社会。可见，黑格尔对市民社会的规定明显受到了古典经济学家自由市场模式的影响。但古典经济学家没有准确地揭示经济活动的社会关系，因而没有从社会结构的高度抽象出市民社会概念，而这在黑格尔那里得到了解决。黑格尔以"劳动"中介"需要"，围绕着劳动，人们的财产关系和等级关系等社会关系得以形成。这显示出，作为市场经济样态而存在的市民社会是具有一般社会结构和社会关系的组织形式。而这恰恰就是现代市民社会概念的真正内涵。黑格尔正是抓住了市民社会概念的这一本质内涵，才明确地将市民社会与政治国家进行了学理分野，从而完成了对市民社会概念的正确抽象。

实际上，黑格尔的市民社会概念是对现代社会之本质的一种理论指认。也就是说，这一概念反映和揭示的恰恰是现代社会的基本生成规律与内在机理。黑格尔指出："市民社会是在现代世界中形成的，现代世界第一次使理念的一切规定各得其所。"② 一般看来，作为一个有别于

① 约翰·基恩：《市民社会与国家权力形态》，载邓正来主编《国家与市民社会》，中央编译出版社 2002 年版，第 114 页。

② 黑格尔：《法哲学原理》，范扬、张企泰译，商务印书馆 1982 年版，第 197 页。

国家的特殊领域，市民社会只能存在于建立了需要的体系的商业社会，亦即充分发展了的市场经济社会之中。而这样的社会是资本主义发展的结果，最终经由资产阶级革命得以确立下来。这一切都是现代的事情，都是在现代世界中发生的。在市场经济尚未得到充分发展的前资本主义时代，不太可能抽象出现代意义上的市民社会概念。这也就是洛克等人虽然意识到了社会与国家的分离，但并没有真正将两者在学理上加以区分的一个深层原因。因为在洛克的时代，社会作为一个需要的体系的经济性质尚未充分彰显。

在黑格尔的伦理概念体系中，市民社会虽然是一个独立的领域，但却是一个不自足的领域。在黑格尔看来，市民社会与政治国家分属不同的阶段、领域、范畴，前者是知性的领域，后者是理性的领域。在前者内，个人对他自身来说是唯一目的，因而他的目的是特殊的；而在后者内，国家是最高目的，因而他的目的是普遍的。所以，对市民社会来说，普遍性和特殊性是相互分离的，特殊性是它的核心原则。同时，市民社会又是一个偶性和缺乏伦理的领域。在市民社会中，"一切癖性、一切禀赋、一切有关出生和幸运的偶然性都自由地活跃着"[①]，"伦理性的东西已丧失在它的两极中，家庭的直接统一也已涣散而成为多数"[②]。这样一来，市民社会就成了"个人私利的战场，是一切人反对一切人的战场，同样，市民社会也是私人利益跟特殊公共事务冲突的舞台，并且是它们二者共同跟国家的最高观点和制度冲突的舞台"[③]。总之，在黑格尔那里，市民社会是一个缺乏普遍与伦理的片面环节，因而是一个不自足的领域。相反，国家是伦理理念的具体现实，它以伦理为原则，以普遍利益为目的。它超出了个人私利，代表着最完满和最壮观的伦理生活原则，并克服了市民社会中的任性、偶性和一切造成贫困与压迫的特殊性，实现了普遍性与特殊性的统一。因而，在由家庭、市民社会、国家所构成的伦理概念中，国家是伦理观念发展的最终成果。如此一来，市民社会这个不自足的环节必须过渡到国家这个环节，在国家的最高观

---

① 黑格尔：《法哲学原理》，范扬、张企泰译，商务印书馆1982年版，第197页。
② 同上书，第198页。
③ 同上书，第309页。

点上被克服。而且，它的利益也必须最终"集中于国家"①，在国家中得以维系和调节。这样，黑格尔就在他的伦理概念体系中架构起一种鲜明的关于市民社会与政治国家的关系：国家高于市民社会，国家决定市民社会。

这种关系表明：黑格尔实际上是以国家的观点来揭示市民社会的抽象性，从而高扬了政治国家，贬抑了市民社会。正因为如此，马克思批判黑格尔将市民社会与国家的关系"头足倒置"。② 而福山却认为，"与其说黑格尔是国家的拥护者，不如把他看成市民社会的守护者；换言之，他是守护私人经济与政治活动广大领域、不受国家控制的哲学家"③。福山的这种观点的确不乏溢美之词，故而难免有誉之过满之嫌，但这恰恰说明黑格尔市民社会概念的价值不容忽视。

我们从另一面更能看清这种价值之大。这就是我们一再强调的，黑格尔首次将市民社会与政治国家在学理上进行了二元分离，使它们成为两个在含义上大相异质的范畴，从而终结了将两者混淆在一起的古典市民社会理念，因而在市民社会学说史上具有划时代的意义。对于黑格尔的这一理论贡献，马克思给予了充分肯定，他说道："黑格尔把市民社会和政治社会的分离看做一种矛盾，这是他较深刻的地方。"④ M·里德尔指出："透过市民社会这一术语，黑格尔向其时代观念所提出的问题并不亚于近代革命所导致的结果，即通过政治集中而在君主……国家中产生了非政治化的社会，将关注重心转向了经济活动。正是在欧洲社会的这一过程中，其'政治的'与'市民的'状态第一次分离了，而这些状态于此之前（即传统政治的世界中），意指的是同一回事。"⑤ 约翰·基恩甚至认为，"黑格尔之于市民社会概念含义的现代转换，是政治哲学之中自博丹创立"主权"概念、卢梭提出"公意"概念以来最富有创造性的革新"。

---

① 黑格尔：《法哲学原理》，范扬、张企泰译，商务印书馆 1982 年版，第 309 页。
② 《马克思恩格斯全集》第 1 卷，人民出版社 1956 年版，第 251 页。
③ 福山：《历史的终结》，远方出版社 1998 年版，第 79 页。
④ 《马克思恩格斯全集》第 1 卷，人民出版社 1956 年版，第 338 页。
⑤ 转引自邓正来《市民社会与国家——学理上的分野与两种架构》，载邓正来主编《国家与市民社会》，中央编译出版社 2002 年版，第 87 页。

（三）马克思对黑格尔市民社会观念的批判和深化

马克思对市民社会的考察，肇源于他对黑格尔理性国家认识上的反驳。应当说，理性国家观是马克思整个思想探索之旅的起点。他曾一度相信，"国家应该是政治的和法的理性的实现"①，通过理性国家，可以达到对自由之本质的准确透视与对现实制度的有效批判。然而，1842—1843年在《莱茵报》工作期间的特殊经历，使马克思逐渐认识到，并不存在理性国家与现实国家的冲突，基于理性国家的政治批判也不能从根本上改造现实国家的非理性特征，因为决定国家行为的并不是当事人的主观意志，而是某种客观关系，"这些关系决定私人和个别政权代表者的行动，而且就像呼吸一样地不以他们转移"②。所以，不仅现实国家，而且理性国家本身也是值得批判的。这一渐趋形成的认识与尚未消除的"困惑"和"苦恼"，促使马克思从社会舞台退回到书房，投入到黑格尔法哲学和政治哲学的研究之中，以此深刻省思和批判黑格尔的理性国家观念。

对于黑格尔把市民社会与政治国家分离及其所完成的二元化，马克思给予了充分肯定，认为这是市民社会走向成熟和自觉的最根本标志，其所具有的历史进步性可从两个方面加以确认：第一，经济自由的获得。在国家与社会二元分离的状态下，个体的经济活动摆脱了政治因素的层层干扰，按照不同于政治原则的市场交换原则自主运行。国家虽然也时常运用政治和法律的手段干预私人的经济活动，但这种干预与过去的超经济强制相比已大相异质，经济自由的程度自然也殊为不同。第二，现代政治制度的生成。现代政治制度"本身只有在私人领域达到独立存在的地方才能发展。在商业和地产还不自由、还没有达到独立存在的地方，也就不会有政治制度"③。这一现代政治制度，根据马克思的指认，主要体现为以代表制取代等级制、人权和公民权原则的确立以及立法权和行政权的分立为标志的民主制度。

很显然，从市民社会与政治国家相互分离的角度界定市民社会概

---

① 《马克思恩格斯全集》第1卷，人民出版社1956年版，第14页。
② 同上书，第216页。
③ 同上书，第283—284页。

念，是马克思在黑格尔政治哲学批判语境中研究市民社会问题的基本进路。从中，我们可以明显地看到黑格尔的影响。正如前文所述，黑格尔第一次在理论上对市民社会与政治国家之间的界限进行了明确划分，马克思对此则是给予了充分肯定，认为这是黑格尔思想中深刻的地方。我们由此可以推知，马克思之所以能够将市民社会与政治国家看作是两个截然不同的领域，除了他对国家与社会此消彼长的历史运动的审视与把握之外，与对黑格尔市民社会理论资源的汲取也不无相关。与此同时，在概念的内涵上，马克思也延续了黑格尔的工作，赋予了市民社会以经济生活的现实所指。如此一来，查尔斯·泰勒认为，"马克思采用了黑格尔的概念，并将它几乎完全还原至此"[1] 就不足为怪了。

　　然而，除了与黑格尔之"同"，马克思对市民社会范畴的界划，则又远远超越了前者，从而表现出与黑格尔的重大差异：（1）对市民社会中人的看法不同。黑格尔以观念观照市民社会及其个人，将个人看作是伦理精神发展过程中的低级阶段，因而人不是现实的存在；马克思用历史的眼光分析市民社会及其个人、将个人看作是实实在在的人、现实的存在。（2）对市民社会之内容的具体规定不同。虽然他们都讲到了作为商业社会之核心的物质领域，但黑格尔是以"需要的体系"来规定的，而马克思是用"物质交往的关系"来规定的。与黑格尔相比，马克思的规定更全面、更深刻。（3）对政治国家与市民社会相互关系的认识不同。在这个问题上，黑格尔的观点十分鲜明：国家高于市民社会，国家决定市民社会。因为在黑格尔看来，市民社会是缺乏普遍与伦理的"个人私利的战场，是一切人反对一切人的战场，同样，市民社会也是私人利益跟特殊公共事务冲突的舞台"[2]，而国家则是以普遍利益为目的、以最高伦理为原则，它超出了个人私利，成为凌驾于市民社会之上的力量。因此，市民社会必须过渡到国家这个至高点上，克服存在于自身中的任性、偶然性、贫困、压迫以及各种独立和冲突等顽疾。在这层关系上，市民社会仅仅是国家理念的一个抽象存在，它不能离开国家而存在。而马克思认为，在市民社会与国家的关系上，黑格尔弄颠倒

---

　　① 查尔斯·泰勒：《吁求市民社会》，载汪晖等主编《文化与公共性》，生活·读书·新知三联书店1998年版，第187页。
　　② 黑格尔：《法哲学原理》，范扬、张企泰译，商务印书馆1982年版，第309页。

了。"实际上，家庭和市民社会是国家的前提，它们才是真正的活动者；而思辨的思维却把这一切头足倒置。"① 因为，"家庭和市民社会是国家的真正的构成部分，是意志所具有的现实的精神实质性，它们是国家存在的方式。家庭和市民社会本身把自己变成国家。它们才是原动力"。而且，"政治国家没有家庭的天然基础和市民社会的人为基础就不可能存在。它们是国家的必要条件"②。因此，正如恩格斯所说："决不是国家制约和决定市民社会，而是市民社会制约和决定国家。"③

第三个差异是根本性的，它显示出马克思洞察现代资本主义历史之本质特征的客观性与科学性。我们知道，资本主义形成和存在的基础就是私人领域的经济活动。当这些经济活动成为国家的全部生活内容时，市民社会与政治国家的关系就会发生本质的变化。它再也不像中世纪那样成为政治的附庸，恰恰相反，后者必须以它作为自己存在的全部基础。马克思所说的资本主义民主制的产生就是这样一种情况。君主制之所以在资本主义社会中转变为民主制，就是因为像马克思所分析的那样，私人经济生活获得了独立，个人在国家中的地位趋渐突出并最终得到了巩固。国家在这种情况下就再也不可能以独裁专制的方式去监管和控制人们的生活领域，而只能采取民主的方式来完成这项任务。既是作为市民社会之主体的私人的需要，也是整个国家利益的需要。黑格尔并没有将这层关系剥离出来，一方面的原因是他主观上为了论证君主制的合理性，另一方面的原因是客观上在他所处的时代还保留着许多中世纪的因素。从这个意义上说，马克思比黑格尔更加彻底地在学理上分离了市民社会与政治国家。因此，马克思的工作便是将本不属于市民社会的东西从市民社会中剔除出去，还原于政治国家。

对市民社会与政治国家关系的全新考量，从思想史的推演来看，是革命性的。它打破了自古希腊以来关于国家与社会关系的传统理论框架，首次在观念上将被黑格尔形容为"地上行进着的神"的国家置于社会结构的下位，从而在冲击与国家拜物教相伴随的国家本位观的基础上确立起社会本位观。从马克思自身思想的转折来看，他已经开始到黑

① 《马克思恩格斯全集》第1卷，人民出版社1956年版，第250—251页。
② 同上书，第252页。
③ 《马克思恩格斯选集》第4卷，人民出版社1995年版，第196页。

格尔所蔑视的"市民社会"中，到现实人的物质生活世界中去寻找理解人类历史发展进程的锁钥，使唯物史观的哲学视野初次彰显出来。

　　按照一般的解读，马克思写作《黑格尔法哲学批判》是在1843年夏天，但到1844年年初的《德法年鉴》时期，他已经从唯心主义和革命民主主义转到唯物主义和共产主义的立场上。如果这一解读是成立的，那么，马克思在不到一年的时间中形成共产主义世界观的理路也应当隐含在"市民社会"这个主问题的逻辑之中。实质上，正如上文所述，对于马克思来说，讨论市民社会问题的初衷，是批判黑格尔的理性国家。通过对国家与社会关系的重新理论厘定，马克思的这一目标已经达到。但另一方面，批判国家本身并不是马克思在这一时期的最终目的，或者说，为了达到彻底的批判性，仅仅将矛头指向国家是不够的，还必须指向国家所赖以存在的基础——市民社会。从本文来看，这一市民社会理论的逻辑递进的确是存在的。马克思在指认了市民社会形成的历史进步性之后，又尖锐地指出了它的限度。所谓市民社会的限度，在马克思看来，主要是指市民社会中的人成为利己主义的人、脱离类存在的人、异化的人。即"任何一种所谓人权都没有超出利己主义的人，没有超出作为市民社会的成员的人，即作为封闭于自身、私人利益、私人任性、同时脱离社会整体的个人的人。在这些权利中，人绝不是类存在物，相反地，类生活本身即社会却是个人的外部局限，却是他们原来的独立性的限制。把人和社会连接起来的唯一纽带是天然必然性，是需要和私人利益，是对他们财产和利己主义个人的保护"①。因此，以人权的确立为标志的政治解放只不过是一种市民社会的解放，它不但没有克服市民社会，相反却带来了市民社会的上述局限。马克思由此提出了人类解放的概念："政治解放本身还不是人类解放。"② 而人类解放就是把真正人的世界和人的关系还给人自己。也就是，"只有当现实的个人同时也是抽象的公民，并且作为个人，在自己的经验生活、自己的个人劳动、自己的个人关系中间，成为类存在物的时候，只有当人认识到自己的'原有力量'并把这种力量组织成为社会力量，因而不再把社会力

---

① 《马克思恩格斯全集》第1卷，人民出版社1956年版，第439页。
② 同上书，第435页。

量当做政治力量跟自己分开的时候，只有到了那个时候，人类解放才能完成"①。这样，马克思就把政治解放与人类解放联系起来，以人类解放的高度和视野揭示出了政治解放的限度。因此，马克思的结论是：革命必须是不停顿的，必须推翻那些使人成为受屈辱、被奴役、被遗弃和蔑视的东西的一切关系，最终实现人类解放。在这里，我们看到，共产主义世界观已经随着"人类解放"这一关键词的道说而清晰地显现了出来。到马克思1845年春天写作唯物史观的纲领性文件《关于费尔巴哈的提纲》时，明确地写道："旧唯物主义的立脚点是市民社会，新唯物主义的立脚点则是人类社会或社会的人类。"② 显然，这一新唯物主义的立脚点在1844年之前的市民社会问题中就已经显山露水了。

　　不难判断，马克思对上述市民社会概念之内涵与逻辑的分梳和阐述，主要依托的是政治哲学、法哲学以及历史学知识。然而，将市民社会一并推上时代的被告席，意味着必须对市民社会做出经济学的分析，因为实际操纵市民社会的是亚当·斯密那只所谓的"看不见的手"，即自由市场。而要将自由市场这一潜藏在经济现象背后的因素清晰地呈示出来，没有足够的经济学知识是完成不了的。黑格尔虽然是在其思辨的哲学体系中表达市民社会思想的，但更为直接、更为根本的理论资源并不是哲学传统，而是业已形成并正在演进的英国古典经济学传统。著名的黑格尔政治哲学研究专家梭罗莫·艾维尼利就曾指出：黑格尔的市民社会概念以及其全部政治哲学是以将政治经济学原理融于哲学为基础的。深谙黑格尔哲学的卢卡奇也曾说过，黑格尔是一位认真研究过英国工业革命问题以及英国古典经济学的哲学家。黑格尔研究市民社会问题的经济学语境无疑给马克思以重要启示，使他认识到："对市民社会的解剖应该到政治经济学中去寻求。"③ 然而，对于1844年之前的马克思来说，其现有的经济学知识并不足以对市民社会作出经济学的分析。虽然从1843年10月开始，马克思一直在阅读大量经济学家的著作，并做了许多摘录和笔记，但从总体上看，马克思在这些笔记中并没有形成自己系统性的经济学观点和话语，而主要还是一种对英国古典经济学的

① 《马克思恩格斯全集》第1卷，人民出版社1956年版，第443页。
② 《马克思恩格斯选集》第1卷，人民出版社1995年版，第57页。
③ 《马克思恩格斯选集》第2卷，人民出版社1995年版，第32页。

"跟读"。在这种情况下,从政治哲学的视域转入政治经济学的视域,就成为马克思思想转折的重要一环。在《巴黎手稿》的基础上,马克思从1844年开始,正式投入到经济学的研究之中,并逐渐形成自己的经济学话语和逻辑指向。马克思转入经济学研究的原因是多方面的,但隐含在市民社会理论中的致思取向是最为根本的一条。亦即,马克思在1844年放弃庞大的黑格尔法哲学批判计划而着手展开经济学著作的写作,与推进先有的市民社会研究有着最为直接的关系。而从生产力、劳动、私有财产等角度考问市民社会,则成为政治经济学研究的直接结果之一。更进一步说,马克思以政治经济学知识和范畴研究市民社会,又赋予了市民社会概念以一种新的含义。马克思、恩格斯指出:"在过去一切历史阶段上受生产力制约同时又制约生产力的交往形式,就是市民社会。"① 又指出:"从直接生活的物质生产出发阐述现实的生产过程,把同这种生产方式相联系的、它所产生的交往形式即各个不同阶段上的市民社会理解为整个历史的基础,从市民社会作为国家的活动描述市民社会,同时从市民社会出发阐明意识的所有各种不同理论的产物和形式,如宗教、哲学、道德等,而且追溯它们产生的过程。"②

从这两段出自《德意志意识形态》的话中,我们可以看出市民社会概念所发生的微妙变化,这就是,马克思现在把它作为一个表述唯物主义历史观的概念来使用,使它与"生产关系""经济基础"取得了基本一致的含义。然而,在具体解释的过程中,却形成了两种迥然不同但都曾十分流行的观点,在此需要一一辨明。

第一种观点认为,上述出现在《德意志意识形态》中的市民社会概念是"生产关系"和"经济基础"等唯物史观核心范畴的雏形、过渡形态,因而它是一个不成熟且有待被取代的概念。当"生产关系"和"经济基础"等概念被马克思完全确立下来的时候,"市民社会"概念就被弃而不用了。

说"市民社会"是"生产关系"和"经济基础"等概念的雏形,笔者基本同意。但说它被这两个概念完全取代之后,就被马克思弃用

---

① 《马克思恩格斯选集》第1卷,人民出版社1995年版,第87—88页。

② 同上书,第92页。

了，并不认同。其实，马克思在中晚年著作中不但没有放弃使用"市民社会"这一概念，而且还经常用它来分析问题。马克思在 1871 年《"法兰西内战"草稿》中的一句话即是一个显证。他说："表面上凌驾于市民社会之上的国家，实际上正是这个社会的一切龌龊事物的温床。"

第二种观点认为，马克思用于表述唯物史观的"市民社会"概念完全等同于"生产关系""经济基础"和"社会经济结构"等概念。

其实，马克思在"生产关系""经济基础"层面上使用"市民社会"概念，并不意味着它们之间完全等同。因为对于"市民社会"来说，"生产关系"和"经济基础"只是其核心部分或者说是本质形式，除夕之前，它还包括社会组织、社会制度、私人等级，甚至还有家庭。当马克思准备写作《哲学的贫困》而致书帕·瓦·安年科夫时，明确说道："在生产、交换和消费发展的一定阶段上，就会有相应的社会制度，相应的家庭、等级或阶级组织，一句话，就会有相应的市民社会。"①

需要指出的是，第二种观点还很容易造成这样一种认识：马克思使用的"市民社会"一词是一个普适性概念，指的是存在于一切历史阶段上的私人生活领域，因为一切历史阶段都对应一定的生产关系。事实果真如此吗？马克思的确是经常使用"各个不同阶段上的市民社会""旧日的市民社会""先前的市民社会"等术语。但在我看来，这并不表明马克思认为独立于政治社会的市民社会存在于一切历史形态之中。其实，作为商品经济的产物，最初的市民社会生根于中世纪末期已形成商业氛围的自治城市中，但它一开始并不是完善的，还是以前市民社会的形态而存在的。只是到了资本主义时代，市民社会才逐步完善起来，因为只有到这时，社会的经济性质才得以全面凸显，市场原则才最终得到确立。为此，黑格尔特别指出："市民社会是在现代世界中形成的。"② 马克思更是明确地说道："'市民社会'这一用语是在 18 世纪产生的，当时财产关系已经摆脱了古典古代的和中世纪的共同体。真正的市民社会只是随同资产阶级发展起来的。"显然，在马克思的语境中，

---

① 《马克思恩格斯选集》第 4 卷，人民出版社 1995 年版，第 532 页。
② 参见黑格尔《法哲学原理》，范扬、张企泰译，商务印书馆 1982 年版，第 197 页。

市民社会始终与商品经济和资本主义私有财产关系相联系。当马克思使用"各个不同阶段上的市民社会""一切历史阶段上的市民社会"等术语时，他是在"生产关系"这一抽象层面上解释人类历史的发展规律。更严格地说，马克思是从近代市民社会即资产阶级社会中抽象出"生产关系"，从近代历史即资本主义历史中发现唯物史观，然后用它们来解释一切人类历史的发展规律。但这绝不意味着，马克思的唯物史观像有些学者所认为的那样，表达的只是资本主义社会的历史观。而当马克思使用"旧日的市民社会""先前的市民社会""中世纪的市民社会"等术语时，他一方面是为了说明前市民社会的社会状况，另一方面是为了考察市民社会的形成史。

　　这样一来，马克思市民社会概念的整体面貌就清晰地呈现在我们面前。我们看到，这一概念的使用在马克思那里并不是一以贯之的，它先后经历了两个阶段，并由此获得了两种不同的含义。这一变化的分水岭是1844年。1844年之前，在《黑格尔法哲学批判》《论犹太人问题》以及《〈黑格尔法哲学批判〉导言》等文本中浮现出的"市民社会"概念，是马克思在克罗茨纳赫时期和在巴黎早期，通过批判黑格尔法哲学和政治哲学，以及考察现实历史和以往市民社会理论，以社会/国家二元模式的研究路径得出的；而1844年之后，在《1844年经济学哲学手稿》《德意志意识形态》以及《资本论》等文本中浮现出的"市民社会"概念，则是马克思通过研究政治经济学而得出的。前者是一个用来描述资本主义社会生活和资本主义政治制度状况的描述性概念，而后者则是一个用来解释人类历史发展规律的解释性概念。但1844年前后市民社会概念的变化仅仅是概念使用层面上的变化，其所指代的内容却没有因此而改变，即指一切非政治的社会生活领域、"物质的生活关系的总和"[①]。对于这一点，我们必须廓清。

三　市民社会概念的当代内涵

　　人们对市民社会的思考总是基于自己所处的现实历史，这是亚里士

---

① 《马克思恩格斯全集》第16卷，人民出版社1964年版，第8页。

多德与西塞罗、黑格尔与马克思市民社会概念给出的结论。这一结论说明，当历史实践尤其是社会结构发生重大变化时，市民社会概念也会发生相应的变化。对于资本主义历史来说，20世纪之后的最大变化莫过于晚期资本主义的到来。与早期资本主义相比，晚期资本主义在经济、政治、文化等领域中表现出的异乎寻常形态更多。在经济领域中，国家大规模地干预乃至控制经济活动，使原本属于私人的经济行为失去私人性质而成为公共事务，结果导致国家和社会界线模糊，甚至融为一体，形成哈贝马斯所指认的"国家的社会化"与"社会的国家化"的基本走势。在政治和文化领域中，西方发达资本主义国家开始注重对市民社会中的各种自治团体和文化团体施加影响和统合，极力把它们纳入到国家的政治观念框架中，使之成为维护资产阶级统治的意识形态帮手和论证资本主义制度合法性的工具，出现霍克海默和阿多诺所批判的"文化工业"困境。如此一来，在政治国家和市民社会的合力作用下，当代资产阶级政治统治的合法性得到了来自市民社会的肯定和支持，因而具有了民众同意的合理基础。当代市民社会理念正是在这种背景下产生的。

葛兰西是较早认识到资本主义国家的上述变化，并以市民社会理论加以回应的思想家之一。"市民社会"是葛兰西哲学体系中的一个核心范畴，著名葛兰西研究专家N.博比奥认为，要厘清葛兰西的政治思想，就必须从他的市民社会这个关键概念入手[1]。葛兰西的市民社会概念是在他的国家学说中得到论述的。葛兰西认为，当代资本主义国家已经具有了整体意义，它实际上是由两部分组成的：其一为政治社会，其二为市民社会。它们以不同的权力形式行使国家的统治职能，前者实施的是直接的强制性权力，后者则实施的是立基于民众同意之上的"文化领导权"。这两部分也就构成了上层建筑的两大领域，即如葛兰西所说："目前，我们可以确定两个上层建筑的层面：一个可称作'市民社会'，即通常称作'民间的'各种社会组织的总和，另一个是'政治社会'或'国家'。这两个层面，一方面对应统治集团通过社会行使的'领导权'职能，另一个方面对应通过国家和合法的政府行使的'直接统治'

---

① 参见朱塞佩·瓦卡《第二次世界大战后对〈狱中札记〉的解释》，载萨尔沃·马斯泰罗内主编《一个未完成的政治思索：葛兰西的〈狱中札记〉》，社会科学文献出版社2000年版，第49页。

或'管理'职能。这些职能都是有组织且相互关联的。"① 从《狱中札记》的文本中我们可以看出，葛兰西对政治社会与市民社会关系的描述经常是不清楚且前后矛盾的，但有一点是肯定的，这就是他更加强调市民社会的地位和作用，认为它以文化的形式和意识形态的力量统合着人民的观念和行为，构成了统治阶级强大的在野帮手。

　　葛兰西对市民社会所做的这种独特理解是和他对西方发达资本主义国家革命道路的探索密切相关的。葛兰西反对将俄国的革命模式机械地照搬到西方发达资本主义国家的革命实践中，因为在他看来，两者具有不同的实际情况，具体来说："在俄国，国家就是一切，市民社会处于原初状态，尚未成熟；在西方，国家与市民社会存在相适的关系，国家一旦动摇，市民社会的强大结构就会立即显现，国家不过是外在的壕沟，其背后是强大的堡垒和工事：不用说，各个国家的数量有别——但这恰好说明每个国家都需要进行准确地侦察。"② 也就是说，在俄国由于资本主义发展水平落后，缺乏民主传统，因而阶级统治以政治社会的强制性权力为主；而在西方发达资本主义国家，政治社会与市民社会都非常强大。资产阶级不仅通过强制性的国际机器实施直接统治，而且也通过市民社会进行意识形态的灌输。因此，俄国的革命可以通过发动"运动战"来推翻强权统治而获得胜利，而西方国家却只能通过长期的"阵地战"来首先夺取市民社会的"文化领导权"，进而取得革命的胜利。

　　基于此，葛兰西指出，西方马克思主义必须严肃对待支持资本主义的文化和意识形态。因为对于资产阶级的统治来说，权威政治固然重要，但文化霸权体系更像是一道道牢固的壁垒，深深扎根于市民社会之中，使得资产阶级在某种程度上赢得了社会各阶级的支持。因此，西方国家的共产党所面临的情况是复杂的、任务是紧迫的。"前者刚刚倒下，但是史无前例的斗争就会接踵而至。"③ 在西方国家中，"'市民社会'已经演变为更加复杂的结构，可以抵制直接经济因素（例如危机、萧条

---

　　① Antonio Gramsci, *Selections from the Prison Notebooks*, ed. and trans. Quentin Hoare and Geoffrey Nowell Smith, New York：International Publishers, 1971, p. 12.

　　② Ibid., p. 12.

　　③ Ibid., p. 236.

等）入侵的灾难后果。市民社会的上层建筑就好像是现代战争中的堑壕系统。在战争中，猛烈的炮火有时看上去可以破坏敌人的全部防御体系，其实不过损坏了其外部工事；而到发起总攻时，才发现自己仍然面临着有效的防线。"① 在这种情况下，共产党人必须首先在文化和意识方面展开同资产阶级的斗争，动员大众的力量，获得他们的支持，建立起对立的"文化领导权"。这就是所谓的"阵地战"，而这场阵地战即使在政治革命取得胜利后也是要长期进行下去的。

从上可见，在葛兰西那里，市民社会具有不同于马克思市民社会概念的含义，即市民社会主要不属于人们进行劳动生产和商品交换的经济活动领域，而主要属于意识形态和文化的领域；不属于经济基础，而属于上层建筑。因此，博比奥指出："在葛兰西看来，市民社会所包括的不是'整个物质关系'，而是整个思想文化关系，不是'整个商业和工业关系'，而是整个知识和精神生活。"② 市民社会作为意识形态和文化的领域，同时又是领导权得以被组织的领域——包括统治阶级的和革命阶级的。这种文化领导权的载体主要指的是各种民间组织，包括政党、工会、学校、教会以及新闻机构，它们构成了市民社会的主要形式。

葛兰西对市民社会概念的界定是如此之不同于马克思，以至于博比奥认为，"葛兰西的市民社会概念主要来源于黑格尔的《法哲学原理》而不是马克思的《政治经济学批判》"③。对于这种观点，笔者基本持认同态度。因为黑格尔在讨论市民社会的时候，引入了同业公会的概念。在黑格尔看来，同业公会实际上指的是产业等级中依据特殊技能而形成的团体，只有通过同业公会，才能实现特殊性和普遍性的具体统一，才能使市民社会最终过渡到国家最高点上。这表明，如果说市民社会需要的体系缺乏伦理的话，那么在同业公会中则还保留着伦理和精神的因素。葛兰西将市民社会定义为以精神生活和文化生活为主的各种民间组织，显然是受到了黑格尔市民社会概念特别是同业公会概念的影响。

---

① Antonio Gramsci, *Selections from the Prison Notebooks*, ed. and trans. Quentin Hoare and Geoffrey Nowell Smith, New York: International Publishers, 1971, p.235.
② 参见朱塞佩·瓦卡《第二次世界大战后对〈狱中札记〉的解释》，载萨尔沃·马斯泰罗内主编《一个未完成的政治思索：葛兰西的〈狱中札记〉》，社会科学文献出版社2000年版，第49页。
③ 同上。

对于葛兰西从不同于马克思所侧重的维度来把握市民社会这一问题，学界是存有争议的。有论者认为，葛兰西由于强调市民社会的文化意义而剔除了马克思市民社会概念的经济意义，这使得对市民社会的理解缺乏全面性和完整性；另有更多的论者认为，葛兰西实际上是背离了马克思，背离了唯物史观。对于这两种观点，我们是不能认同的。就第一种观点来说，论者实际上是先假定了一种先在的市民社会概念，即主要从不同于国家的经济向度来把握市民社会的观念，然后用此概念去评价其他的市民社会概念。其实，这种做法并不可取。因为无论是从市民社会概念的历史演变来看，还是从当下思想界的讨论来看，市民社会本身就是一个非常复杂的概念，并没有一致定义，也不可能达成一致定义。原因主要在于，论者所使用的市民社会概念往往都用以表达不尽相同的理论诉求，反映不尽相同的经验现实，亦即是说，市民社会概念形成的基础本身就是不相同的。就第二种观点看来，论者实际上是说，葛兰西以上层建筑来规约市民社会违背了马克思以经济基础来界定市民社会的唯物主义路线，从而构建起一种唯心史观。然而，正如前文所说，马克思所讲的市民社会并不是完全等同于经济基础，它也包括社会组织、社会制度、私人等级，甚至家庭。而葛兰西强调市民社会的上层建筑意义也并没有否定经济基础的最终决定作用。例如，葛兰西认为，知识分子之所以能够以统治集团代理人的身份行使市民社会的文化霸权，是因为他们自愿地认肯统治集团的统治规则，而这种自愿认肯是由统治阶级在生产中的地位即由他们的经济状况决定的。更重要的是，马克思的市民社会概念是对 19 世纪资本主义即自由资本主义历史经验的反思，而葛兰西的市民社会概念则是对 20 世纪资本主义即垄断资本主义历史经验的反思，也就是说，葛兰西是在变化了的背景下思索市民社会及革命模式问题的。他看到了当代资产阶级统治的合法性已经得到了来自于意识形态力量的巩固这一事实。因而，他反对照抄马克思主义经典作家的理论，反对西欧走苏俄的革命道路，强调意识形态上层建筑的重要性，从经济的批判转向文化的批判，这一切都是合理的、正常的，我们不能以苏东教科书体系中的唯物—唯心的思维框架妄加评论。

葛兰西的市民社会思想在 20 世纪 30 年代并没有产生很大的反响，但这丝毫不影响它所具有的重要价值，而毋宁说，葛兰西对市民社会的独特思考，不仅首开 20 世纪市民社会讨论之先河，而且创发出一种全新的理论传统，使人们得以在文化层面上讨论市民社会及其相关问题。历史实践已经证明，葛兰西是一位伟大的预言家。如果说在他生活的年代，资本主义文化和意识形态统治还没有达到炽盛的地步，那么到了 20 世纪 40 年代特别是二战之后，这种统治已呈现为一种"文化工业"的态势。人们发现，资本主义虽然经历了两次世界大战的重创和数次经济危机的洗涤，依然比较好地存活下来；人们又看到，为了刺激经济的发展，遏制经济危机，在资本主义阵营内，福利国家政策和国家干预主义普遍盛行，整个社会生活受到了全面控制。这些现象到底如何解释？又怎样对它们进行批判？人们将这些问题的解答追溯到葛兰西的市民社会理论，从而第一次彰显出这一理论的重大价值。受之影响，理论家们主要从两个向度展开了对上述现象的批判和解释。第一个向度表现为西方马克思主义的文化和意识形态批判，第二个向度表现为资本主义国家的社会学家对整个社会系统生存和持续问题的解释。就第一个向度来说，其主要代表人物是早期法兰克福学派的霍克海默和阿多诺。他们对文化和意识形态的批判主要体现在"文化工业论"中。在《启蒙的辩证法》一书中，他们提出并系统阐述了"文化工业论"的思想，其核心观点是认为在当今资本主义社会中，资产阶级为了巩固其意识形态统治，操控了电影、电视、报纸杂志等传播媒体，宣传以获得最大商业利润为目的的大众文化，从而牢牢控制了人们的思想观念。这使得"文化工业"开始堕落，大量生产的文化扼杀了创造性。因为，交换价值在文化财富中占据了统治地位，文化财富的使用价值实际上为纯粹的交换价值所取代。这样一来，艺术成了雇主的奴隶，艺术的成果都是为经受市场竞争而预先设计好的。结果，艺术的功能走向了它的反面，即丧失了原来批判的功能，而成为摧残个性的帮凶。这种"文化工业"批判构成了霍克海默和阿多诺工具理性批评的重要内容，也是对葛兰西市民社会概念的理论验证。就第二个向度来看，其主要代表人物是美国著名社会学家帕森斯。帕森斯认为，在社会由传统向现代过渡、资本主义经济由自由发展向垄断控制转变的过程中，市民社会的性质和职能以及它与国家的关系都发生了重要转折。它不再指经济领域中的东西，而指的是社会共同体。在《社会体系》（1951 年）、《走向一种总体行为理论》

（1951）以及《经济与社会》（1956 年）等著作中，帕森斯将社会定义为一个行动系统，并将现代社会划分为四个子系统，即经济、政治、文化以及社会子系统。这些子系统基本上处在同一层次上，因而具有平行的地位，但在整个社会的生存和发展中扮演着不同的角色。其中的社会子系统就是指社会共同体，它构成了市民社会的核心内容，其主要功能是通过将文化价值加以制度化来达到社会整合的目的。社会共同体的基础组成要素是不同于经济组织模式和政治组织模式的社团或协会。在社团或协会内部，所有成员都遵守自愿加入、彼此平等和决策程序化的规则。而且，通过社会化机制和社团控制机制，社团或协会的所有成员都将自觉或不自觉地把现有的文化价值观当做一种行为规范加以接受，以此达到社会整合的目的。由此可见，帕森斯基本上是在葛兰西所开拓的方向上把握市民社会问题的。无论是早期法兰克福学派的文化工业论批判还是帕森斯的社会共同体理论，都作为一种理论资源对哈贝马斯的市民社会概念之形成产生了重要影响。

　　由葛兰西所开创、由霍克海默和阿多诺以及帕森斯所延续并发扬的当代市民社会理论传统，到了哈贝马斯那里，达到了一种前所未有的理论综合。我们可以毫不迟疑地断言，哈贝马斯是对当代市民社会理论做出最突出解释的人，也是做出贡献最大的人。其贡献主要表现在：他不仅将"公共领域"概念引入市民社会的讨论，还在全新的意义上划分了"共域"与"私域"并论述了它们之间的关系。在葛兰西所开创的当代市民社会理论传统中考察这一问题，并不意味着哈贝马斯不受葛兰西之前市民社会学说的影响。实际情况恰恰是，哈贝马斯正是以黑格尔和马克思的市民社会概念为基础展开讨论的，同时又有亚里士多德以及孟德斯鸠—托克维尔传统的影响，当然一开始就表现出与他们的重大差异，即又是在新的市民社会概念构架内予以把握的。这决定了哈贝马斯市民社会概念的考察理路是复杂的，内容是多面的。哈贝马斯对市民社会的探讨大致分为两个阶段：第一阶段主要是着重从历史角度分析市民社会特别是公共领域的发展演变过程及其后果，这个阶段的思想集中体现在《公共领域的结构转型》（1962 年）以及后来的《作为"意识形态"的技术与科学》（1967 年）、《合法化危机》（1973）等较早的著作中；第二个阶段则主要是从"交往行为"和"生活世界"这个规范的角度规约市民社会，从而强调对"理想的生活世界"的构建，这个阶段的思想重点集中在《交往行为理论》（1981 年）以及《事实与有效性》（1992 年）等后期的著作中。

在第一个阶段的讨论中，哈贝马斯主要是通过讨论理想的资产阶级公共领域的形成、结构以及功能而讨论市民社会问题，并且以这种资产阶级公共领域的理想形态为抽象标准，以此批判公共领域在当今资本主义所发生的结构变形以及由此带来的资本主义政治制度的合法化危机。他的基本观点是：市民社会是随着资本主义市场经济的发展而形成的、独立于政治国家的私人自主领域。它本身又由两个部分构成，一是以资本主义私人占有制为基础的市场体系，包括劳动市场、资本市场和商品市场及其控制机制；二是由私人所组成的、独立于政治国家的公共领域，它是一个社会文化体系，"包括教会、文化团体和学会，还包括了独立的传媒、运动和娱乐协会、辩论俱乐部、市民论坛和市民社会，此外还包括职业团体、政治党派、工会和其他组织等"[①]。实际上，第一个部分基本上与黑格尔和马克思市民社会概念所指涉的范围相重合，而第二个部分又大体上与葛兰西市民社会概念相一致。在哈贝马斯看来，第一个部分的内容构成了第二部分内容的基础，即公共领域的存在是以私人经济领域的存在为基础的，但第二个部分的内容却又构成了市民社会的主体。因此，考察市民社会，本质上就是要考察公共领域。然而，这种市民社会的界定是建立在国家与社会相互分离的基础之上的，即哈贝马斯所说的，"对于我们的讨论来说，国家和社会的分离是一条基本路线，它同样也使公共领域和私人领域区别开来"[②]。可是这种情况只存在于早期自由资本主义时期，因为只有在这个时期内，私人才能以独立于公共权力机关即政治国家的身份从事商品交换和社会劳动领域内的一切事务（这是国家与社会分离的根本表现）。到了晚期资本主义国家垄断时期，这种情况就发生了根本改变。由于资本主义国家垄断政策和福利政策的大规模推行，过去私人的事务现在成了国家的事务，反过来，过去是国家的事务现在亦成了私人的事务。如此一来，国家与社会

---

① 哈贝马斯：《公共领域的结构转型》，曹卫东等译，学林出版社 1999 年版，（1990 年版序言部分）第 29 页。

② 同上书，第 35 页。

就由分离走向了融合，市民社会结构遭到了极为严重的破坏，公共领域由此走向了崩溃，这使得表面上繁荣的资本主义隐藏了重重危机，最突出的就是合法化危机，即资本主义国家再也不可能获得维持其生存所必不可少的来自于公共领域的理性力量和来自于群众的忠心。

在第二个阶段的讨论中，哈贝马斯通过普遍语用学的改造和交往范式的引入，将"公共领域"概念发展成"生活世界"的概念，从而不但在新的意义上界定市民社会，而且以此展开对晚期资本主义的更猛烈批判。具体而言，哈贝马斯将第一阶段中包含的私人经济领域从市民社会中剔除出去，使市民社会成为既独立于政治体系又独立于经济体系的纯粹社会文化体系，即生活世界的组织，它是一个理性的领域和由话语交往织构的空间。如果说，第一阶段架构的是一种政治国家（公共权力领域）——市民社会（经济领域＋公共领域）的分析模式，那么，第二阶段则架构的是一种系统（政治＋经济）——市民社会（生活世界）的分析模式。以这种市民社会的分析模式来判断当今资本主义的时候，哈贝马斯发现其危机主要表现为政治和经济体系的工具理性对生活世界的侵蚀和吞噬。因此，抵御政治和经济体系的工具理性，重建生活世界的交往理性，就成为修复或重构理想市民社会结构的必要前提。

哈贝马斯的市民社会概念虽然明显存在这样两个阶段，但并不表明前后阶段截然分开、毫无干系。实际情况恰恰是，前一阶段蕴含了后一阶段的核心观点，后一阶段的观点则构成了对前一阶段遗留问题的解决和对前一阶段思想的发展。市民社会概念的这种前后转变最清楚地表明哈贝马斯批判的社会理论之出发点和立场的重要转折。这种转折的过程也最为清楚地表明哈贝马斯与早期法兰克福之间的决裂过程。

从上可见，哈贝马斯总体上是在葛兰西所开创的市民社会理论传统中考察市民社会问题，从而主要以"公共领域"和"生活世界"这样两个充盈着文化意义的概念定义市民社会。但是，哈贝马斯与葛兰西市民社会概念之间的差异也是十分明显的，主要表现为以下三点：其一，葛兰西把市民社会界定为国家的重要组成部分，即意识形态上层建筑的部分；而哈贝马斯则认为市民社会是独立于政治国家的领域，并且在某种程度上构成了后者的对立力量。其二，哈贝马斯与葛兰西都把市民社会看作是政治国家获取合法性依据的主要基地，但由于葛兰西把市民社会看作是政治国家的意识形态部分，因而，对于政治国家来说，其合法性的获取表现为一个主动的过程，即政治国家通过意识形态的灌输而取得人们的同意；而哈贝马斯由于把市民社会视为独立于政治国家并在某种程度上与政治国家相对立的力量，因此在他看来，政治国家之合法性的获取表现为一个被动的过程，即政治国家根据公众舆论，在某种程度上甚至是迫于公众舆论的压力而建立统治原则，以维护其合法性。其三，葛兰西的市民社会概念是立足于对现有制度的破坏和改造，并把希望寄托于重新建立一个政治社会与市民社会概念相和谐统一的未来社会制度之上；而哈贝马斯的市民社会概念则是立足于对现有制度的批判，并试图通过对市民社会的重建来一方面提升资本主义国家的合法性基础，另一方面为人们提供更加合理的生活环境和生存方式。最后一个区别表明，哈贝马斯的市民社会概念从属于他的社会批判理论，市民社会概念的理论诉求最后落实于社会批判理论的终极旨趣。

第二章

二分架构下现代市民社会与国家的界定

在界定市民社会概念时，大部分学者都认为，自城邦出现以后，市民社会就存在于历史上所有社会形态当中，并依据古典市民社会、现代市民社会、当代市民社会这种市民社会逻辑演变的基本线索来阐述市民社会概念的变迁和演变的。由此，大多数学者对市民社会概念的界定也分为三个阶段，即以亚里士多德和西塞罗为代表的古典意义上的市民社会概念，以黑格尔和马克思为代表的现代意义上的市民社会概念，以及由葛兰西所开启，并由哈贝马斯等所发展的当代意义上的市民社会概念。

与上述观点不同，也有部分学者认为，"市民社会只是存在于现代社会之中，而不是存在于一切社会之中；它只是整个社会的一个部分，而不是整个社会。把西塞罗所使用的 societas civilis，甚至把亚里士多德所使用的'Politike Koinonia'看作我们今天所说的 civil society，显然是把现代的 civil society 一词的指涉对象扩大了。这种理解使我们所要讨论的问题变得模糊不清"①。

上述两种观点的主要区别在于：市民社会存在于一切社会之中，还是只是整个社会的一个部分或者说是历史发展到一定阶段的产物。本书基于市民社会和国家的二分架构这一市民社会理论的最基本旨趣，认为只有在市民社会与国家的分野形成之后，对市民社会才有了比较清晰的界定，才会出现市民社会理论的核心问题即市民社会和国家的关系问题。所以，第一章中把市民社会概念的界定分为三个阶段

---

① 王新生：《市民社会论》，广西人民出版社 2003 年版，第 3 页。

的论述是不科学的，市民社会与国家二分架构的形成是一道分水岭，市民社会在二分架构形成中出现，二分架构的形成也促进了市民社会理论的发展。

黑格尔也是这样认为的，其特别指出："市民社会是在现代世界中形成的。"① 马克思更是明确地说道："'市民社会'这一用语是在18世纪产生的，当时财产关系已经摆脱了古典古代的和中世纪的共同体。真正的市民社会只是随同资产阶级发展起来的。"② 所以，亚里士多德所使用的"Politike Koinonia"，西塞罗所使用的 societas civilis，只能作为我们今天所说的市民社会概念的词源来考察。

市民社会与国家二分架构的形成有其历史必然性，是历史发展的必然产物。

一　市民社会与国家二分架构形成的前提性条件

（一）前提性条件之一：个人生活与公共生活二分架构历史演变

词源只能说明市民社会这一词本身的来源，词的演变并不意味着就是市民社会的演变，追溯到最早的词源所产生的时间和地点并不能说明市民社会产生的时间和地点，二者并不是同步演变的，市民社会是历史发展到一定阶段（市场经济社会）的产物。市民社会与国家二分架构模式是个人生活和公共生活二分架构模式发展和演化到民族和主权国家形成及市场经济得以确立的资本主义社会时期才形成的。市民社会应该是对个人生活发展到资本主义市场经济时期并获得独立性之后，对所有个人生活领域的概括性表述。国家则代表以公共权力为中心的公共生活。以市场经济为核心的市民社会和以公共权力为中心的国家相伴而生。市民社会与国家二分架构是对个人生活与公共生活二分架构演变到一定阶段（市场经济社会）的新概括。所以，市民社会和国家二分架构模式的形成离不开个人生活与公共生活二分架构的演变提供的现实前提。

---

① 黑格尔：《法哲学原理》，范扬、张企泰译，商务印书馆1982年版，第197页。
② 《马克思恩格斯选集》第1卷，人民出版社1995年版，第130页。

个人生活和公共生活的演变历史分以下几个阶段：

第一，城邦公民的公共生活与个人生活。

在古希腊时期，只有占居民中极小比例的公民才以公共生活与个人生活相分离的生活方式生活着。那么，什么人才能成为公民呢？亚里士多德说："1. 凡有权参加议事和审判职能的人，我们就可说他是那一城邦的公民；2. 城邦的一般含义就是为了要维持自给生活而具有足够人数的一个公民集团。"① 所以，并不是所有人都是公民，公民只是城邦中所有生活着的人的极少的一部分。奴隶、妇女以及儿童既没有公共生活又没有个人生活，因为他们不具备公民资格，而且，终身依附于公民（奴隶主），没有独立性可言。

城邦公民的个人生活局限在家庭领域。公民的家庭由身份和地位不同的妇女、奴隶、儿童等构成，公民处于主导地位，在这个家庭领域，公民衣食无忧，妇女和众多奴隶为公民创造生活资料，使其能够从繁重的体力劳动下解放出来，去过另一种生活。自由、平等、民主是公民的特权，只属于公民，不属于从事生产和服务的妇女、奴隶，属于妇女和奴隶的只是迫于生存需要不得不服从奴隶主的命令和劳作，而且时常伴随着惩罚甚至死亡威胁，奴隶、妇女没有任何权利可言。

对于城邦公民来说，因为他们衣食无忧，所以并没有局限在个人生活领域当中，最富有意义的生活是公共生活即在政治领域中的活动。在这个领域当中，公民通过自由的行动和言论展现自我，进行交往和集体活动，实现自我统治和人生意义，体现最高级的人性。公民在政治领域当中"既不受制于生活的必需品，也不屈从于他人的命令，而且不放任自流。他既不打算统治他人，也不打算受人统治……自由意味着从统治权产生的不平等状态下解放出来，并进入一个既不存在统治、也不存在被统治的领域"② 。而且，"在这种生活方式中，说话而且只有说话才是有意义的，所有公民关注的中心就是彼此间相互进行交谈"③ 。"在其中，行动者交会聚集，也离异解散，在其中，人的单一性与多元性得以

---

① 亚里士多德：《政治学》，吴寿彭译，商务印书馆 1965 年版。
② 汉娜·阿伦特：《人的条件》，竺乾威等译，上海人民出版社 1999 年版，第 25 页。
③ 同上书，第 21 页。

展现，个体与群体交错并交互作用。"① 城邦公民的公共政治生活作为公民特有的一种生活方式，"并不仅仅是一种比普通的生活更舒适、更无忧无虑或更高贵的生活，它是一种质量完全不同的生活。它之所以是'得体'的，是因为它达到了这一程度——由于已经拥有了纯粹的生活必需品，由于已经从劳作中解脱出来，并且克服了所有生物对自身生存的内在的迫切需求，生物性的生活进程不再受到制约"②。公共生活虽然对公民来说是最有意义的生活，但实际上，城邦政治生活并不轻松，公共领域充满紧张和压力。常常"浸透着一种末日的痛苦，在那里，每个人总是不断地将自己和别人区分开来，希望与众不同，并且通过无与伦比的功绩和成就来显示自己是最好的。换言之，公共领域是为个性而保留的，它是人们能够显示出真我风采以及具有不可替代性的唯一一块地方。正是为了这个机会，并且出于对国家（它使每个人都可能有这种机会）的热爱，使得每个人都或多或少地愿意分担司法、防务以及公共事务管理的责任"③。

可见，"在高度发达的希腊城邦里，自由民所共有的公共领域（koine）和每个人所特有的私人领域（idia）之间泾渭分明"④。"城邦国家的兴起意味着人们获得了除其私人生活之外的第二种生活，即他的政治生活（bios politicos）。这样每一个公民都有了两个生存层次：在他的生活中，他自己的东西（idion）与公有的东西（koinon）有了一个明确的区分"⑤。这种公民自身的公共生活与个人生活的固定划分，实际上是古希腊时代国家与社会领域合一及政治性淹没社会性的反映。

第二，封建社会的个人生活和公共生活的双重历史蜕变。

"在公共生活的发展史中，城邦是最具决定性的一步，它通过创造公民而把远古的部族公共原则发展成为一个至今为人津津乐道的政治制度，它在某些方面的'先进性'甚至超过现代的民主制。"⑥ 可是，这

---

① 蔡英文：《政治实践与公共空间：阿伦特的政治思想》，新星出版社 2006 年版，第268 页。
② 汉娜·阿伦特：《人的条件》，竺乾威等译，上海人民出版社 1999 年版，第 28 页。
③ 同上书，第 32 页。
④ 哈贝马斯：《公共领域的结构转型》，曹卫东等译，学林出版社 1999 年版，第 3 页。
⑤ 汉娜·阿伦特：《人的条件》，竺乾威等译，上海人民出版社 1999 年版，第 19 页。
⑥ 赵汀阳：《城邦、民众和广场》，《世界哲学》2007 年第 2 期。

种令人津津乐道的公共生活，在进入封建社会之后却发生了历史蜕变，显示出自己特有的时代缺陷。因为在封建社会"私人占有"和"公共主权"二者实质上是合二为一的，不用说现代意义上的公共生活和个人生活的区分，就连城邦时期公民的公共生活与个人生活的区分都变成一种奢望，社会形态的变化并没有延续公共生活和个人生活之间的区分和对立。

封建制度下整个社会采取的是垂直等级结构的统治模式，这种统治模式是造成公共生活和个人生活双重蜕变的原因。这种垂直等级结构的统治模式表现为："一种由个别私人在一定领土范围内，代表或占有、夺取或行使公共权力的制度。在这种制度下，地主贵族，俗人或僧侣，男爵或主教或住持——这些都被称作封建主——在各自的领土范围内，对其所有的居民办理行政、执行司法、征收赋税。封建主之间结成封君封臣的关系。封君封臣关系的基础是采邑，采邑通常是土地，也包括职位、金钱、实物收入、征收捐税权等。承受采邑的人，作为报答，就做了他的领主即封建主或者又称为封君的封臣，宣誓向领主效忠和服役。只要他履行了义务，他和他的后裔就拥有采邑作为他的财产。在他下面还有佃户，他对那些佃户而言，俨然就是所有者。这里封君还有可能成为更大的领主的封臣，而更大的领主又成为他的封君，最大的封君就是国王。"① 所以，在封建社会根本不存在公共生活与个人生活之间的严格划分。一切关系都是在垂直的政治等级统治下的隶属和服从关系。不仅生活资料属于国王或皇帝，就连臣民都是国王或皇帝的臣民。人身依附关系和终身效忠国王的政治统治思想，不可能使臣民有追求个人生活的权利，只有效忠国王的义务。相对于城邦还存在公共生活与个人生活之分（虽然这种生活只属于公民）来说，封建社会终止了公共生活和个人生活的划分确实是一种历史的倒退。

封建君主所有权本身并没有"公私"之分，"大私"即"公"。在封建制度下，君主是作为"公共权力"的化身来占有生产资料的，所以，公有和私有的主体是同一的，这种主体的同一性就决定了私人占有同时就意味着公有，"朕即国家"，当整个社会都归属于君主一人时，

① 谢维雁：《公民的历史变迁》，《四川师范大学学报》（社会科学版）2007年第3期。

就无所谓公与私了。普天之下的臣民效忠的对象是君主，这种指向的同一就把封建君主的一切事务上升为公共事务，私人性、特殊性直接表现为公共性、普遍性，特权领域成为"公共领域"的一种化身，并塑造了虚假的"公共生活"的主要形象。至于"私人生活"，由于公共权力的私人占有是公开的、彻底的，没有与之相对的另一种作为公民的"私人领域"，作为臣民，个体的私人是不可能独立的，不可能有自己的独立的"私权"，当然就没有自己的私人生活。

公共生活和私人生活严格划分的终止是封建社会特有的时代缺陷，无论与古希腊城邦公民的公共生活和个人生活相比，还是与资本主义社会的公共生活和个人生活相比，体现了一种历史蜕变形式。城邦的公共生活虽然只属于极少数的公民，但是毕竟体现出我们当今时代都特别向往的一种民主政治生活形式，平等的交流、相互协商、相互监督等形式为我们提供了生活的向往和理想。

封建社会"公共生活"抛弃了城邦民主政治的基本内容，是作为一种面具掩盖在封建君主所有权的表面，依靠垂直等级统治结构给私权戴上公共性的光环。在封建社会，私人领域"公共化"，公共领域私人化，其实质将封建君主的私有权扮演成为所属领地的公共权力。封建社会君主私权统治一切领域，个人的私人生活淹没在虚伪的封建"公共生活"之中，不可能形成严格规范的真正意义上的公共生活领域和私人生活领域。

第三，资本主义社会的公共生活与个人生活。

（1）国家公共生活与个人生活的二分架构的形成

市场经济的建立动摇了封建社会的经济基础，结束了"朕即国家"的历史形态，现代民族国家的政治组织形态在启蒙运动的推动下，最终通过资产阶级政治革命确立起来。现代民族国家不再是某个君王的私有财产，封建君主不再是国家权力的拥有者，君主的个人权力不再等同于国家权力，国家权力与君主个人私有权实现了分离，民族和主权国家代替封建宫廷来管理和统治整个社会。同时，在资本主义社会，人们获得了双重身份：一是作为社会成员，他是财产私有者，具有私人身份；一是作为国家成员，他构成作为国家权力主体的公众，具有公民身份。臣民变成了独立的个人并获得了私有财产权，个人之间彼此互相尊重和互相承认，不再依附于封建君主，而是独立进行社会再生产和社会交往的活动，并积极参与国家公共事务。总之，整个社会生活形成了以国家公共权力为中心的公共生活与以社会再生产和商品交换为核心的个人生活两大领域。正如哈贝马斯所说："在早期资本主义商品经济基础上，民族和领土主权国家形成了，于是，封建制度的统治基础发生了动摇；在这种情况之下，王室贵族统治阶层才能够把交际场所——尽管所有的礼节在当时已高度个性化——改造成为'上层社会'的活动领域……严格来讲，只是从这个时候开始，才有现代意义上的公共领域与私人领域之分。"① 国家和社会从领域合一走向领域分离，结束了公共生活和个人生活的双重历史蜕变，并使公共生活和个人生活在资本主义社会获得了新的内涵和意义，形成了不同于城邦公民的公共生活与个人生活的二分架构。

（2）个人生活领域的内部分化

以商品生产和交换为核心的个人生活不仅造成了国家与社会的分化，而且造成了个人生活的内部分化。首先，传统社会中作为生产主体的家庭已经不具备生产的功能，家庭与社会再生产领域区分开来。其次，个人生活领域分化出私人的公共领域。商品交换关系的发展既使人们的经济活动摆脱了政治权力的干预，又使人们的经济活动超越了家庭的狭隘界限，逐渐培育出具有公共利益和公共兴趣的财产私有者，他们作为私人能够集合起来成为关注公共事务的公众。相对局限于家庭生活和经济活动的个人生活领域，由私人集合而成的公众活动构成另一层次上的公共生活领域即从私人领域生发出来的公共领域，它是介于国家公共生活领域与个人生活领域之间的中间领域，是一种非国家、非官方的公共生活领域。哈贝马斯指出："国家和社会的分离是一条基本路线，它同样也使公共领域和私人领域区别开来。公共领域只限于公共权力机关。我们把宫廷也算作公共权力机关。私人领域当中同样包含着真正意义上的公共领域，因为它是由私人组成的公共领域。所以，对于私人所有的天地，我们可以区分出私人领域和公

① 哈贝马斯：《公共领域的结构转型》，曹卫东等译，学林出版社1999年版，第10页。

共领域。"① 这一领域的主要功能在于"就基本上已经属于私人，但仍然具有公共性质的商品交换和社会劳动领域中的一般交换规则等问题同公共权力机关展开讨论"②。

从生活世界的角度来理解，人类的现实生活包括公共生活和个人生活两个方面，不能把私人领域的公共生活和国家公共生活都纳入到广义的公共生活，而是应该把私人领域的公共生活纳入到个人生活领域。说私人领域的公共生活是公共的，并不意味着它与私人生活领域相对立，恰恰相反，它是私人生活领域的一个部分。从社会政治哲学的立场上看，私人的领域和私人的公共生活领域都属于个人生活领域，它们是与由政治国家所代表的公共生活相对的。私人的公共生活属于个人生活是因为：第一，私人的公共生活领域是由市民社会中"私人"聚集而成的公众的领域，它所具有的公共性来自于私人之间的精神和文化交往，因而是在私人的领域中完成的。第二，在私人的公共生活领域中形成的只是市民社会中私人们公共的意见和公众的舆论，当它还没有被固化为国家的意志和法律的规范时，还只是私人性的东西而不是公共的社会规范，因此，只存在于私人领域中。

其实，公共生活与个人生活的二分架构在资本主义社会已经可以转换为国家与市民社会的二分架构了。市民社会与个人生活的内涵和外延基本一致，市民社会就是个人生活领域，市民社会概念就是对个人生活领域的概括。国家就代表公共生活，国家出面管理公共事务。之所以进行概念上的转换，就是资本主义市场经济的确立导致的社会与国家从同一走向分裂的结果。市民社会和国家的二分架构更有利于对整个社会进行研究和把握。但是，市民社会和国家二分架构的形成是以个人生活和公共生活的划分为现实依据的。提出市民社会概念的第一人黑格尔以及后来的马克思、葛兰西、哈贝马斯等都是在上述意义上把握市民社会概念的，只是随着历史的发展，各自的侧重点不同而已。市民社会概念的出现是现代的事情，是市场经济出现以后，个人生活和公共生活明显分化的产物。

---

① 哈贝马斯：《公共领域的结构转型》，曹卫东等译，学林出版社1999年版，第35页。
② 同上书，第10—11页。

（二）前提性条件之二：启蒙思想的启示

邓正来认为"源出于对保护个人自由的思考以及对政治专制的批判的近代自由主义政治思想、源出于对市场经济的弘扬以及对国家干预活动的应对的近代自由主义经济思想，都对西方市民社会与国家在学理上的分野产生了影响"①。

自然法和契约论既是政治自由主义者论述"社会先于或外于国家而在"观念的手段，又是其理论的支撑精神和依据。自然法是高于人为法的法规，它规定了人的自然权利，规定了人在同一社会中共享的一切权利，是人类所共有的权利或正义体系，因此它先于国家而存在，是维系社会基本关系和确定人类行为之正当性的最高原则。自然法的观念将人的基本权利视为自然具有、不可被剥夺和不可转让的，因而是绝对的，任何对人的天赋权利的剥夺都是违反人性的。荷兰的格劳秀斯和斯宾诺莎、意大利的贝卡里亚、英国的霍布斯和洛克、德国的普芬道夫、法国的卢梭等人，从人的自然本性上把人规定为自由的人，把人的自由视为不可剥夺的，从而也就内在地肯定了人独立于任何社会控制组织而自由活动的天然合理性。17—18 世纪自然法理论进一步推演为社会契约论。契约论把国家看作是人们所订立的契约，以此来说明国家的起源。如洛克认为，被授予权力者也是参加订立契约的一方，而契约的目的就是为了保护人们的生命、自由和财产权利，所以，政府的权力要受到限制。霍布斯认为，人们在订立契约的时候已经把自己的权利都交给了统治者，统治者并不是定约的一方，只是执行者，不应该受到契约的约束，因而拥有专制的权力。卢梭则认为，人们在订立契约的时候把自己的全部权利都转让给了合理的国家，所以，人民是主权者，政府只是主权者的执行者。当主权者的主权得不到体现的时候，主权者有权收回自己的权利，重新订立契约。虽然他们的具体观点存在差别，可是在对待国家如何产生的问题上，却是一致的。他们都认为，在自然状态下，尽管人的自然权利是绝对的，但是，绝对的权利之间必然发生的冲突，使人们意识到限制绝对

---

① 邓正来：《国家与市民社会》，中央编译出版社 2002 年版，第 80 页。

权利的必要，于是，人们就把自己的部分权利交给特定的组织来管理，这个特定的组织就是国家。

洛克作为政治自由主义的最早创始人、"自由主义之父"，其观点具有代表性。他认为人类最初的自然状态或自然社会是自由、平等并且充满正义和仁爱的①，但是，这并不意味着这种状态或社会是完美的没有缺陷的。洛克认为其缺陷有：第一，缺少一种确定的、规定了的、众所周知的法律，以作为共同评断是非的标准和裁判一切纠纷的尺度；第二，缺少一个有权按照既定的法律来裁判一切争端的公允的裁判者；第三，缺少权力来支持正确的判决，使它得到应有的执行。② 所以，洛克认为人们要互相协商、订立契约并自愿地让渡权利赋予国家。"这就是立法和行政权力的原始权利和这两者之所以产生的缘由，政府和社会本身的起源也在于此。"③ "安全和保障是原先建立公民社会的目标，也是我们参加公民社会的目标。"④

"政权的一切和平的起源都是基于人民的同意的。"⑤ 政府一旦违背人类自由的意愿，强权压制自由这种自然状态，实施暴政，变保护人民为压迫人民，撕毁契约，违背人民的意志，人民就有权推翻它，另立新政府，再建国家。因为，人民"不但享有摆脱暴政的权利，还享有防止暴政的权利"⑥。

社会先于政府和国家而存在，人民为了生活在安全的状态下，订立契约而建立政府和国家，所以政府和社会就是一种"信托"关系。这种"信托"关系的建立，洛克依凭的是对自然状态的假定和借助契约论的手段。虽然政府被认为是至高无上的，但是社会具有前政治或前国家的生命。正是在这个意义上，我们认为，"他当时恰是在为一个世纪之后出现的更新了的、与'政治社会'相对的市民社会含义做铺垫"⑦。

---

① 参见洛克《政府论》（下篇），瞿菊农、叶启芳译，商务印书馆1964年版，第5页。
② 同上书，第77—78页。
③ 同上书，第78页。
④ 同上书，第58页。
⑤ 同上书，第70页。
⑥ 同上书，第133页。
⑦ 查尔斯·泰勒：《市民社会的模式》，载邓正来《国家与市民社会》，中央编译出版社2002年版，第15页。

"没有洛克，现代市民社会观念的发展是不可能的。"①

提出赋予社会先于或外在于国家的身份的说法，除了以洛克为代表的政治自由主义哲学家之外，还有以亚当·斯密为代表的经济自由主义理论家，前者对国家和社会的区分还是一种形式上的，后者对社会之所以可以独立于国家作了内在的规定性解释，比前者深化了一个层次。

经济自由主义者与洛克等政治自由主义者不同的是从"经济活动"的向度展开对社会外于国家的品格的论述的。在这些经济学家看来，因为个人是他本身利益最优秀的评断者，所以，个人主义是自由经济体系的基础。每一位个体都应该具有自由追求经济利益、从事经济活动的权利。经济活动内部有一种客观的规律和力量来规范其活动即"看不见的手"，所以，无须政治权威去加以引导。

根据经济自由主义的观点，社会应该是：第一，包括生产、交换以及消费在内的经济行为总体，独立于政治力量。第二，自由且自治，遵循着自身的内在规则，不受政治国家和其他力量的干预。泰勒对经济自由主义这种观点的提出给予了高度的评价，指其是一场"思想革命"。相对于洛克政治自由主义依靠自然状态的假定和契约的手段而论证"社会先于或外于国家而在"，经济自由主义者的观念从一种新的视角赋予了社会有别于政治的经济生命，在理论上提出社会外在于国家，为社会与国家的分野铺设了道路。

二 现代市民社会的界定

作为一种反映人类生活状况的概念，个人生活是一种描述性范畴和历史性范畴，在不同的社会形态和历史阶段，个人生活具有不同的内容、性质、结构和功能及其相应的具体表现形态。个人生活由城邦公民才具有的生活——封建社会国王的"大私"——资本主义社会整个社会成员都具有的生活，范围不断扩大到整个社会，并且本身表现为一个独立的领域，即私人生活领域。这个私人生活领域只有采用市民社会这个

---

① 亚当·塞利格曼：《近代市民社会概念的缘起》，载邓正来《国家与市民社会》，中央编译出版社 2002 年版，第 15 页。

具有整体性意义的概念来表述，才能与以民族和主权国家为中心来表述的公共生活领域相对应。

（一）现代个人生活领域

当今的个人生活领域并不是一个由单一要素构成的生活领域，而是一个多要素的复合体。作为私人领域，它由家庭、市场经济体系、社会公共领域三个不同的部分构成。这三个不同的部分是个人生活领域的三个不同的要素和载体。但是，绝不能将个人生活领域看作是一个纯粹客观的、静止不变的存在形态，而是应当把它看作一个演化的过程，当今的个人生活领域是在历史的发展过程中依次递进、不断扩展、逐步形成的。

（1）家庭是个人生活最为典型的领域

家庭生活是个人生活的起点，我们不可能跨越家庭直接进入社会生活，而且家庭生活是个人生活领域当中最具私人性的领域，家庭生活作为一种帷幕把个人的私人生活从社会的舞台上遮掩起来。随着现代社会的急剧变迁和家庭模式的不断变化，个人在家庭中的生活也根据家庭职能、家庭结构、家庭关系的变迁表现出不同的形式。

在自给自足的农业社会中，家庭是社会的缩影，是一个微型社会，家庭的主要形式为父权制家庭。父权制家庭这种家庭组织形式和封建王权相结合，有利于维护封建社会的统治。例如，父权制家庭中的辈分、性别的等级制与社会的名号、阶级的等级制相对应，家长制与君臣制模式一致；父权制家庭中的"忠孝"观念与社会的"忠君"观念相对应，"父为子纲"与"君为臣纲"模式一致。另外，父权制家庭还担负着现代社会中"工厂""学校""教堂""福利机构"所起的作用，它是自给自足的经济单位，是整个社会生产和社会生活的核心领域。这种家庭的内部秩序靠以父权为中心的家长制的权威和人的依赖关系来维持，个人必须无条件地服从家长，既没有独立的个人利益，也没有独立的个人人格，每个人都以共同体的利益为最高的甚至是唯一的利益。

家庭模式并不是一成不变的，随着生产力的发展，到市场经济的确立，家庭模式已经从传统的父权制家庭转变成现代社会的核心家庭。相对于传统父权制家庭模式而言，核心家庭具有成员少、成员关系简单、成员间平等、灵活性和机动性较强等特点。家庭成员主要包括父母和子女，成员关系主要表现为夫妇关系和亲子关系，家庭成员之间平等、民主，家庭生活中矛盾和纠纷相对减少。核心家庭作为市场经济发展到一定阶段的产物，是现代社会中家庭的主要模式。

工业社会的到来，使父权制家庭的职能外化到社会。例如，学校教育职能代替了家庭教育职能；企业的生产代替了以家庭为单位的生产；社会福利机构代替了家庭的保障职能。这意味着传统家庭生活被改变，意味着在"物的依赖关系"普遍取代"人的依赖关系"的市场经济条件下，独立的个人之间相互承认的关系在家庭关系中并始初步形成；意味着在市场经济社会中，现代家庭在整个社会生活中的地位和作用已经发生了重大的变化。与传统家庭是个人生活的中心，是一个微型社会，是一个私人劳动领域，为其成员提供全部生活资料和全部生活意义的功能相比，现代核心家庭已经成为个人社会生活的避风港，已经从社会生产的主要环节中退了出来，其职能已经发生了"蜕化"和"萎缩"。这样一来，现代核心家庭更大的意义主要体现在其代表了个人隐私权，代表了个人的独立、平等，并作为最为基础的个人生活领域与以国家行政权力为中心的公共生活相对抗。

（2）市场经济体系及所构成的个人生活领域

传统家庭职能外化到社会后，个人为了保障自己的生存需要就不能只限于家庭，必须进入社会从事各种工作和商业活动来获取生活资料。这样，人们之间突破了家庭成员之间的血缘关系、亲缘关系，增加了业缘关系和地缘关系，个人的生活越来越多地依赖于社会活动，个人的许多目标和需要必须在社会活动中实现，而不是在家庭中实现。这样众多个人的需要和需要的满足在生产力高度发达和市场经济体制确立的情况下，就会相互交织，形成经济交往领域。这个领域既是黑格尔所谓的"需要的体系"，也是我们所说的市场经济体系和商品交换领域。人们在这样的个人生活领域中从事生产、交往、消费，甚至在公园、舞厅、咖啡厅、茶座、影院等地方充分享受自己的休息时间。

在市场经济社会中，众多独立自主的个人在生产、交往、消费等领域谋求个人需要的活动都是彼此异样的，每个人都是以自己的方式谋求自己的特殊需要。那么，众多异样的活动最终是如何摆脱排斥和争端，成为各自特殊需求得以实现的必要条件的呢？而且，众多独立的个人又是如何联结为一个完整的社会体系的呢？

　　在现代市场社会中，流通的商品是丰富多彩的，每个人一方面为社会输入商品，另一方面又从社会上得到自己的特殊需求，特殊需要之间的相互满足使众多个人在生产、交往、消费情节中联合起来。这种结合不同于以父权制家庭为单位、以血缘关系为纽带的结合，也不同于家庭成员的目标是同一性这一特征，而是以对物的占有为前提，人人都努力实现个人利益的最大化。但是，每一个人都努力从社会中获取更多的东西并不影响整个社会的结合。因为，每个人都通过生产劳动向社会提供别人所缺少的、所不具备的商品来满足别人的需要，所以，正是不同的需要和不同的生产把每个人都联结起来，也把每个人区别开来并获得他人的承认和成为对他人有用的人。市场社会中，人与人的分离和对立并没有造成实质性的和地域性的、空间性的隔离，恰恰是在这种人与人的区别与对立中，整个社会结合为一个有机的整体。而且，这一整体并不是整齐划一及泯灭个性的，每个人都在市场经济体系当中过着自己独立的个人生活。市场经济体系对于每个人来说都是个人生活领域，是个人生活领域的平台。正是它使得各自特殊的个人需要，通过"需要和劳动的观点"而达到相互的满足，使无数任性的个人彼此配合着别人而行动，彼此接受对方的意见，彼此生产着满足的手段，联结为一个整体的现代社会，普遍性的形式就是由此而来的。马克思也说："市民社会的成员根本不是什么原子……因为一个人的需要，对于另一个拥有满足这种需要的资料的利己主义者来说，并没有什么明显的意义，就是说，同这种需要的满足并没有任何直接的联系，所以每一个人都必须建立这种联系，这样就相互成为他人的需要和这种需要的对象之间的皮条匠。由此可见，正是自然的必然性、人的特性（不管它们表现为怎样的异化形式）、利益把市民社会的成员彼此连结起来。"①

　　（3）私人生活的公共领域

　　市场经济在资本主义社会的确立和民族国家的建立共同导致整个社会生活分化成两大领域：一个是以国家公共权力为中心的公共生活领

①　《马克思恩格斯全集》第2卷，人民出版社1957年版，第153—154页。

域，一个是以商品生产和商品交换为中心的个人生活领域。同时，个人生活领域的内部也发生了分化，这一分化使个人生活领域内部形成了与国家公共生活领域相抗衡的多个不同的私人领域。正如前面所论述的，家庭是私人的最为典型的领域，市场经济领域是超越了家庭的狭隘界限，人们进行社会再生产和经济交往的领域。相对于家庭和市场经济活动领域并超越这两个领域，个人生活领域还分化出第三个层次的领域即私人生活的公共领域。在社会生产和交往的领域，虽然人们都一味地追求利益的最大化，但是，由于共同利益的需要逐渐培育出具有公共利益和公共兴趣的财产私有者，他们作为私人能够集合起来成为关注公共事务的公众，这些公众的公共活动就形成一个市民社会内部的，介于国家公共生活与个人生活领域之间的，起着沟通国家公共生活与个人生活作用的，非国家、非官方的中间领域，即私人的公共领域。正是这一越来越广阔的私人的公共领域，在能够向国家传递个人生活整体意愿的同时对国家公共权力进行监督和批判。正如哈贝马斯所说："国家和社会的分离是一条基本路线，它同样也使公共领域和私人领域区别开来。公共领域只限于公共权力机关。我们把宫廷也算作公共权力机关。私人领域当中同样包含着真正意义上的公共领域，因为它是由私人组成的公共领域。所以，对于私人所有的天地，我们可以区分出私人领域和公共领域。私人领域包括狭义上的市民社会，亦即商品交换和社会劳动领域；家庭以及其中的私生活也包括其中。政治公共领域是从文学公共领域中产生出来的；它以公众舆论为媒介对国家和社会的需求加以调节。"①

私人生活的公共领域包括文学公共领域及由文学公共领域日益政治化而产生的政治公共领域两个层面。在个人生活领域存在着资产阶级知识分子和没落的封建贵族这样一些人，他们由于共同爱好文学和艺术而走在一起并经常发表评论，而且形成了一定的规模，引发越来越多的公众参与进来。这样，随着公众的增加，他们讨论的范围也从一开始的文学和艺术扩展到了政治领域，讨论的平台也从规模较小的读书会、俱乐部等上升到报纸、杂志等媒介。由于影响的不断扩大，私人的公共领域对国家与社会的关系产生浓厚的兴趣，并经常用公众舆论这一工具监督

---

① 哈贝马斯：《公共领域的结构转型》，曹卫东等译，学林出版社1999年版，第35页。

和批判国家行为。这样文学公共领域具有了政治功能，并在此基础上产生了政治公共领域。私人的公共领域能够与国家权力相抗衡，有助于防止公共生活对个人生活的侵蚀，有助于二者在相互沟通的情况下保持各自独立的界限。

（二）现代市民社会的基本内涵

以个人生活和公共生活的视角分析，我们认为：现代市民社会，就是指在市场经济条件下，社会和国家从领域合一走向领域分离之后，独立于政治国家的整个私人生活领域；它既融合在个人生活的三个领域——家庭、经济领域、私人的公共领域之中，又是对三个私人领域的综合概括；它代表独立自主的个人并以私人领域的有机的整体形象制约和抵抗国家公共生活。

具体理解现代市民社会，还需进行以下说明：

第一，个人生活存在于一切社会之中，但是在不同社会时期，个人生活具有不同的内容、性质、结构和功能及其相应的表现形态。市民社会是一种现代现象，是在市场经济确立和民族国家成立以后，作为现代个人生活领域的整体形象与国家公共生活相对应的个人生活领域的概括。市民社会并不存在于一切社会之中，随着生产力的极大发展，物质财富的极大丰富，市民社会和国家将最终消亡于个人生活和公共生活的统一体即自由人联合体中。"在未来的共产主义社会中，随着生产力的充分发展，旧式分工、私有制和阶级的消灭，社会内部私人利益同公共利益的矛盾将不复存在，社会将收回它异化到国家中去的全部权力，这就是国家的消亡，同时也是市民社会的消亡。"[①]

第二，现代市民社会是以市场经济为基础的，市场经济的性质决定了每个人在市民社会中都是独立自主并互为承认的。彼此互相承认和独立自主的交往关系把个人生活的不同领域（家庭、市场经济体系、私人的公共领域）联结成一个整体即现代市民社会。现代市民社会并不是简单的、机械的不同个人生活领域的集合，而是由贯穿不同个人生活领域

---

① 李淑珍：《论马克思的市民社会与国家的思想及其历史与现实意义》，《学术月刊》1996年第9期。

中心线索相连接的有机的结合。这样，现代市民社会一方面保持了个人生活领域的特殊性，另一方面又以一种普遍形式与国家形成了一对一的两极，彼此相互制约，从而形成了现代市民社会和国家二分架构及现代市民社会理论。现代市民社会作为一个独立的领域，是制约国家政治行为的重要社会力量。国家作为一种建立于社会基础之上的政治组织，存在着日益脱离社会制约而异化为控制社会的异己力量的内在倾向。这种倾向，仅仅靠国家自身的分权与制衡不可能得到有效的扼制。现代国家的合法性及其更新的根据存在于私人生活领域之中，自主的个人以及由他们组成的独立社团所联结成的有机整体是制约国家的现代市民社会中的主体。现代市民社会理论（即私人生活领域与国家公共生活对立的思想）所要表达的正是这样一种以社会制约权力的思想。

第三，现代市民社会既是个人生活领域的有机结合，又是各种社会关系的总和。现代市民社会的核心内容是人类的物质交往关系。马克思揭示了物质生产对于人类存在和发展的重要意义：（1）物质生产活动是人与动物的根本区别，从而是"一切人类生存的第一个前提也就是一切历史的第一个前提"①；（2）物质生产活动的发展是人类历史发展的源泉和动力；（3）以物质生产活动为内容的市民社会，"在一切时代都构成国家的基础以及任何其他的观念的上层建筑的基础"②。不过，并非独立个人之间的所有交往都可以归结为经济交往活动，在现代个人生活中，他们还进行着非经济的其他交往活动。例如，家庭的支配原则是爱的伦理精神；公共领域的支配原则是建立在公众"同意"基础上的"社会理性"，这是对物质交往关系的升华。虽然市民社会中各种交往关系的基础是物质交往关系，但是，不能把市场体系的原则与市场经济社会的原则混为一谈，如果把本来属于市场体系的问题归于整个市场经济社会，就会把现代市民社会等同于纯粹的经济社会。

（三）现代市民社会的整合原则

我们之所以能够区分历史上不同的社会形态，就是因为不同的社会

---

① 《马克思恩格斯全集》第 3 卷，人民出版社 1956 年版，第 31 页。
② 同上。

形态中有着不同的社会关系。根据人与人的社会关系和人自身的发展程度，马克思把人和社会的发展分为三种形态：第一种形态是"人的依赖关系"，第二种形态是"以物的依赖性为基础的人的独立性"，第三种形态是"建立在个人全面发展和他们共同的社会生产能力成为他们的社会财富这一基础之上的自由个性"。

市场经济出现以前的传统社会，由于生产力落后，人们对自然的改造能力极其微小，分工不发达，生产社会化的程度十分有限，几乎没有什么市场交换，所以，个人一方面不能抵御自然侵害，另一方面也无法通过自身与自然交往来满足自身发展的需要，人们只能选择和借助"人的依赖关系"这种形态来维护自身的生存。在这种情况下，人们就以"人的依赖关系"为基础，结成了各种形式的共同体。共同体的形式主要有血缘共同体和地缘共同体。这两种形式的共同体是在生产力不发达、自然经济为主导的历史条件下人们的必然选择。人们利用共同体这一整体力量来弥补个人力量的不足，共同抵御自然灾害及其他共同体的侵害，共同获得生活资料和谋求共同的价值取向。然而，共同体这种必然选择，虽然维护了人们的生存需要，但却使个人失去了个人意志、个人利益、个人价值观等独立特性。在共同体中，人与人之间紧紧地捆绑在一起，没有独立的活动空间，没有独立的个人意志，没有独立的个人利益，个人完全淹没在共同体之中，人们只能别无选择地作为共同体的一部分，共同体也只能满足个人维持生命存在的需求，其他需求的满足没有任何现实性。所以，传统社会对于个人来说，不是具有独立个性的人的自觉组合，不是通过个人之间的相互承认而是通过垂直的政治等级统治这一具有无限权威的强制性联合起来的。个人在传统社会中隶属于某个封建等级和团体，根本不存在独立的经济生活和社会生活，不可能行使独立意志，不可能有个人自主和政治平等。总之，在传统社会，"无论个人还是社会，都不能想象会有自由而充分的发展"①。

共同体的整合原则是排除个性的同一性原则。传统社会中，由于社会和国家这个领域是合一的，共同体和国家必然是同心圆结构关系，或者说，共同体是国家的子系统，共同体辅助国家对整个社会进行整合，

---

① 《马克思恩格斯全集》第46卷（上），人民出版社1979年版，第485页。

国家对整个社会的整合原则也是采取同一性原则。但是，同一性原则在共同体和国家中采取的方式不同，对于以血缘关系和地缘关系联结的共同体来说，同一性是直接的、自然的同一；对于国家来说，同一性是在强制的基础上建立的政治的同一。虽然，传统社会中共同体和国家采取同一性原则的方式有一定的区别，但是，二者以同一性整合社会时，共同的特点和目标都是要抹杀个体的特殊价值、特殊利益，使个体牢牢地束缚在共同体当中。

现代市民社会作为一个独立的、完整的社会形态，是以物的依赖关系为基础的。独立个人间的相互承认和自主交往关系是现代市民社会中最为基础的社会关系。正是这一人与人之间的基本关系把现代市民社会与历史上其他社会形态区分开来，决定着现代市民社会不同于其他社会的独特的整合原则。

在商品经济关系起支配作用的市场经济社会中，人的依赖关系被打破，"活动和产品的普遍交换已成为每一单个人的生存条件，这种普遍交换，他们的互相联系，表现为对他们本身来说是异化的、无关的东西，表现为一种物，在交换价值上，人的社会关系转化为物的社会关系，人的能力转化为物的能力"①。人与人之间的关系被"物化"了，独立个人从人的依赖关系中解放出来，在以交换价值为中心的基础上建立了物的依赖关系。在物的依赖关系中，个人能够自由支配自身、行动、财产，并且处于平等地位。恩格斯说："创造这种'自由'而'平等'的人们，正是资本主义生产的最主要任务。"② 所以，相对于传统社会，现代市民社会中的独立自主的个人不是共同体的一部分，而是作为独立的个人而存在。这些独立的个人是一切交往活动的主体。独立的个人之间有着不同的个人利益和个人权利，而且，彼此在个人权利和个人利益上互相尊重，互相承认。例如，在经济交往活动中，独立个人之间采取的是契约原则，通过签订合同或契约来约束个人的行为，保证经济活动正常进行。在公共领域活动当中，独立的个人之间地位平等，采取协商的原则来共同解决公共事务。在政治领域当中，个人都有选举的

---

① 《马克思恩格斯全集》第 46 卷（上），人民出版社 1979 年版，第 103—104 页。
② 《马克思恩格斯选集》第 4 卷，人民出版社 1972 年版，第 76 页。

权力，通过参与选举来间接地管理国家事务。所以，现代市民社会的整合原则与传统社会及政治国家所遵循的整合原则完全不同。传统社会采取自然的同一和强制性的同一，现代市民社会采取肯定差异的自愿、民主、契约、同意即差异性原则。也正是整合原则的不同把现代市民社会与传统社会及国家区分为不同的领域。不同的个人活动、不同个人利益和不同的个人观点、意见的存在，是现代市民社会构成的基础，因为如果没有分工条件下不同的个人活动，就不可能有物的依赖关系产生；如果没有不同个人利益的存在，就不可能有商品交换关系的出现；如果没有不同的个人观点和意见，就不可能有公共领域中的讨论。

总之，现代市民社会是独立的个人之间不同利益需求、不同的观点聚集交汇的社会。现代市民社会既不同于非市场经济社会中的民间社会，也不同于市场经济社会中的政治国家。因为，民间社会的整合原则是人们之间直接的、自然的同一性；市场经济社会中的政治国家的整合原则是建立在强制基础上的政治的同一性；现代市民社会的整合原则是肯定差异基础上的自愿、契约、同意。

三　现代国家的界定

（一）国家即公共权力机构

长期以来，由于研究方法不尽相同，研究视角和焦点的多样性，出现了国家定义的多元性特征。德国法学教授吉尔克说：关于国家的争论，不但对于国家内容及其根本目的，大家意见不能一致，甚至对于国家定义之外表的文字上的解释及规定都没有共同的可能。目前，我国流行的国家定义大都套用列宁在《国家与革命》一书中的论述：国家是阶级统治的工具，是一个阶级压迫另一个阶级的工具。本文是从市民社会与国家二分架构下的国家公共生活的视角来定义国家的。

个人生活与公共生活的自然划分是历史的永恒。公共生活在不同的历史阶段上表现出不同的形式。在第一章中，我们论述市民社会和国家二分架构形成的前提性条件时，提出了个人生活和公共生活的三种形式。

就城邦的公共生活而言，公共生活等同于公民的政治生活，私人生活等同于公民的家庭生活。其实质是：首先，城邦公共生活不是维护私人社会生活的一种政治手段和组织方式，不是公民为其经济利益而相互角逐的公共舞台或管理委员会，而是体现公民的人生价值和展现公民个性风采的领域。这种公共生活高居于整个社会生活之上，是城邦公民独有的生活方式。其次，在城邦公共生活中公民之间是平等的，但是，这种平等是建立在奴隶制不平等的社会结构之上的。汉娜·阿伦特指出："在家庭领域里，自由是不存在的，因为它的主人即家长只有在他有权离开家庭并进入人人平等的政治领域时，他才被认为是自由的。当然，政治领域中的这一平等与我们观念中的平等鲜有共同之处：它指的是与同伴共处并必须与之交往，它预先假设了'不平等的人群'的存在，这些人事实上在城邦国家的总人口中通常占大多数。因此，平等（在现代，它与公正毫无关系）是自由的实质：自由意味着从统治权产生的不平等状态下解放出来，并进入一个既不存在统治、也不存在被统治的领域。"① 再次，城邦公共生活是占人口少数的公民的政治生活，公民之间具有民主性，但不意味着这种民主在整个社会生活中具有普遍性。汉娜·阿伦特强调："希腊人（他们的城邦是我们所知的最具个性且最不一致的政治实体）深深意识到城邦重视行动和言论，而只有当公民的人数保持有限时，城邦才能生存下去。挤成一团的众多人口几乎不可避免地会产生一种专制的倾向，这种专制可以是一个人专制，也可以是多数人的专制。""从政治上讲，这意味着在既定的国家中，人口越多，就越有可能形成社会领域，而不是构成公共领域的政治领域。"② 最后，城邦公民的公共生活与公民的私人生活以及非公民身份的妇女、儿童、奴隶的生活是人的真正生活和动物般的生活的区别。人的真正生活领域是一个纯粹自由的交往领域，动物般的生活领域是奴隶生产劳动的领域。人的真正生活建立在奴隶劳动的基础之上，但却极力脱离它的现实根基，形成专属于公民的公共生活。只有公民才有资格过上人的真正生活。其实质上城邦公共生活只是压迫和统治奴隶的一种奴隶制民主形

---

① 汉娜·阿伦特：《人的条件》，竺乾威等译，上海人民出版社1999年版，第25页。
② 同上书，第33页。

式。公开性、开放性、平等性、民主性和政治参与等只是公民的待遇，自然也只能在狭隘的范围内实现，不能扩展到整个社会领域。

就封建社会的公共生活而言，公共生活与私人生活之间实际上没有严格区分，只是一种相对关系。它们之间的关系事实上是一种同心圆般的"隶属关系"和"大小关系"，大的封建领主对小的封建领主而言就是"公"，"大私"即"公"，也就是国家和社会一体化。其实质是：首先，在封建社会，不存在真正的公共生活。由于封建领主统治一切、占有一切，不可能形成一个公共领域，因而，封建公共生活只是一种虚假的公共生活，正如"王朝政治"只不过是公共权力的虚幻形式一样。其次，封建领主不仅将其私人的特殊利益等同于整个领地的共同利益、普遍利益，而且将其所有权转化为各种特权和公共符号。因此，封建社会公共生活以封建领主所有权的形式表现出来，是封建领主私有权的公开展示，并由此塑造了公共生活的"合法"形象。最后，"在中世纪盛期的欧洲社会，没有证据说明已经存在独立的、与私人领域相分离的公共领域。然而，主权的各种特征，如国王的玉玺，在当时被称为'公共的'。那时存在的是权力的一个公共表现"①。封建领主所有权之所以以公共生活的形式展示，是因为封建领主权力几乎是一种覆盖其领地的全面的专断权力，是将公权与私权融为一体的高度集权或综合权力。

与传统社会公共生活和个人生活的划分建立在国家和社会一体化基础上不同，现代公共生活和个人生活的划分建立在国家和社会的分化之基础上。传统社会整体和个体是同一关系。财产、家庭、生产劳动等个人生活的要素以领主权、等级和同业公会的形式上升为国家公共生活的要素。那么，随着商品经济的发展和启蒙运动的深入，封建社会的经济基础及其上层建筑不断受到侵蚀。经过资产阶级政治革命，封建君主或被彻底推翻，或被限制和改造成为资产阶级的立宪君主，最终确立起现代民族国家的政治组织形态。国家公共权力与君主个人私有权实现了分离，作为个人生活要素的财产、家庭等脱离了国家整体回归到个人生活，完成了它们同国家整体的分离，从而形成一个社会中的个人生活领域即市民社会。市民社会通过政治革命，打倒了统治者的权力，把国家

---

① 汪辉、陈燕谷：《文化与公共性》，生活·读书·新知三联书店2005年版，第126页。

事务提升为人民事务，把它对国家整体的特殊关系变成它自己对人民生活的普遍关系，使它的特定的市民活动和地位变成了普遍的活动和地位。换句话说，政治革命使市民社会脱离了政治属性，简单化的市民社会只包括个体及作为个体生活内容的物质要素和精神要素。原来被分散、分解、溶化在封建社会各个死巷里的政治精神与市民社会分离并形成与市民社会相对应、相分离的国家公共生活领域。个体在市民社会中的生活活动和生活地位也相应地只具有个体意义。同时，国家公共政治生活也由封建特权变成了人们的普遍事务领域，公共事务本身反而成了每个个体的普遍事务，政治职能成了他的普遍职能。政治革命解放了市民社会，个人从国家整体中解放出来，成为"利己的人"，个人获得了政治参与权，从而使得每个人都有权参与公共事务、公共权力，发展出适合其要求的新的国家公共生活。新公共生活的载体就是独立于君主个人的国家公共权力机构。

所以，就现代社会的公共生活而言，就是指以国家公共权力机构为载体的国家公共生活，从国家公共生活的视角来说，所谓国家，就是社会的公共权力机构，是指在一定的领土范围内对市民社会这一个人生活领域进行控制、管理并代表最高主权的特殊社会组织。它是对国家在现代历史条件下所具有的普遍意义的一般性概括。

那么，如何看待将国家理解为社会的公共权力机构与将国家理解为"阶级统治的工具"之间的关系呢？

第一，将国家理解为公共权力机构与将国家理解为"阶级统治的工具"是从不同的角度和侧面对国家的两种理解方式，二者并不矛盾。不同的历史时期国家发挥的作用不同，也表现出不同的形态。

恩格斯晚年在《家庭、私有制和国家的起源》中指出，"国家是社会在一定发展阶段上的产物；国家是表示：这个社会陷入了不可解决的自我矛盾，分裂为不可调和的对立面而又无力摆脱这些对立面……现代的代议制的国家是资本剥削雇佣劳动的工具、随着阶级的消失，国家也不可避免地要消失"[①]。列宁在《国家与革命》中同样指出："国家是阶级矛盾不可调和的产物和表现。在阶级矛盾客观上不能调和的地方、时

---

① 恩格斯：《家庭、私有制和国家的起源》，人民出版社 1999 年版，第 176—180 页。

候和条件下，便产生国家。反过来说，国家的存在证明阶级矛盾不可调和。"① "国家是剥削被压迫阶级的工具。"② 随着社会主义革命高潮的来临，列宁强调，马克思主义国家理论的主要目标并不是阐述资产阶级国家本身的性质，而是宣传社会主义革命的特殊战略。俄国革命成功后的社会主义建设实践，更使"无产阶级专政"成为马克思主义国家理论和政治建设的核心内容。这就逐渐形成了马克思主义国家理论的解释传统，即把它主要理解为关于"阶级统治的工具""国家的消亡及其经济基础"和"无产阶级专政"的学说。把国家理解为"阶级统治的工具"只是概括了国家最为本质的东西，它不同于其他社会组织的本质特征，就是因为它是一个阶级压迫另一个阶级的机器。

需要强调的是，国家这一历史产物自从其产生之日起就具有双重职能，一是阶级统治的工具，一是社会共同体从事一般管理的公共权力。如果仅仅将国家的职能理解为阶级压迫的工具，那是对历史唯物主义的片面理解，属于阶级斗争的思维范式。这种片面理解与现代国家的现实状况难以吻合，会导致理论与现实脱节，出现理论的偏失和无法解决的现实困难。但是，我们不是否定将国家理解为阶级压迫的工具这一理论的正确性，只是强调国家的双重作用。在以往阶级对立的社会中，国家作为阶级统治工具的这种作用被凸显，然而，随着社会进步、现代化进程的发展，国家的另一种作用在现代社会变得日益明显。

马克思主义认为国家是阶级斗争和社会职能分化的结果。在现代社会，国家作为社会职能分化的结果更是得到普遍的认可。国家不可能在生产力落后、分工不发达的原始社会产生，因为简单的社会管理还无须国家的出现。只有社会发展到脑力劳动和体力劳动可以实现分离，生产力和社会分工相对发达，社会事务日益复杂，急需建立一个权威部门来管理社会事务之时，国家才适应社会生活的需要，特别是经济生活的需要，出现在最应该和最需要它的历史阶段上。恩格斯说："社会产生着它所不能缺少的某些共同职能。被制定去执行这种职能的人，就形成了社会内部分工的一个新部门。这样，他们在对这些人的关系上就成为独

---

① 列宁：《国家与革命》，人民出版社 2001 年版，第 5 页。
② 同上书，第 10 页。

立的人,于是就出现了国家。"① 所以,如果把国家仅仅理解为阶级斗争的结果,就无法解释国家管理社会的职能,更无法面对社会生活自身,也是对历史唯物主义的片面理解。国家作为公共权力机构,代表着整个社会的公共政治生活,管理和维护着社会的基本秩序,这不仅是国家的社会职能,也是整个社会生活自身特别是经济生活的需要。恩格斯说:"政治统治到处都是以执行某种社会职能为基础,而且政治统治只有在它执行了它的这种社会职能时才能继续下去。"② 在现代社会,国家的基本任务就是促进经济增长,保证人民生活水平不断提高,不断改善民生,保证社会的有序发展。

单方面的把国家理解为公共权力或理解为阶级斗争的结果,都是对国家本质的片面理解。这种理解违背了马克思的历史唯物主义观点。国家的双重本质在历史发展过程中往往是交织在一起的。掌握着国家权力的统治阶级在执政期间必然要维护统治阶级的利益,体现出阶级本质。但是,统治阶级要长期获得统治地位,在维护统治阶级利益的同时也必然要维护整个社会成员的公共利益,发挥国家管理社会的职能。特别是在社会分工日益细化和民主意识日益普及化的今天,国家管理社会的职能更加突出。我们过去把国家理解为阶级斗争的工具或阶级斗争的结果,是在特殊的历史条件下对国家本质的理解。法国著名的马克思主义理论家亨利·列菲弗尔曾指出,马克思和恩格斯的国家理论包括三个指向。一是国家是阶级统治的工具;二是国家从表面上看,独立于各个阶级,但实际上它表现出寄生性,又表现出掠夺性;三是国家负担着整个社会。而且,亨利·列菲弗尔认为,国家这三个方面有时是相互交织在一起的。我们今天对国家本质的理解就是要突破阶级本质这一思维范式,从全面的角度还原马克思和恩格斯真实原意。

第二,我们也不能抹去不同历史阶段上国家的差异性,对国家做出一般性的概括。将国家概括为社会的公共权力机构,虽然符合现代历史条件下对国家的基本理解,但是,这种理解却不能把历史上出现的国家形态区分开来。在不同的历史阶段,国家的存在形态是不一样的。在本

---

① 《马克思恩格斯选集》第 4 卷,人民出版社 1972 年版,第 482 页。
② 《马克思恩格斯选集》第 3 卷,人民出版社 1972 年版,第 219 页。

书中，我们把国家理解为公共权力机构，是在市民社会和国家二分的架构下，与市民社会概念相对应的一种理解方式。这种理解方式有利于对现代社会的整体把握，更有利于说明市民社会和国家的关系，是对市场经济体制下国家所具有的普遍性意义的真实反映。但这并不意味着我们仅仅注意到不同国家之间的一致性本质而忽视了它们在不同历史阶段的形态差异。

总之，把国家理解为公共权力机构和理解为阶级斗争的结果或者阶级斗争的工具并不矛盾，二者都是对国家在不同的历史阶段所表现的形态的真实反映。

（二）国家公共权力的公共性、合法性

公共权力之所以成为公共的就在于权力的公共性，公共性应该是公共权力最根本的属性。公共权力的公共性只有在民主与法治之下才可能实现。在奴隶社会和封建社会，公共权力毫无公共性可言，王朝政治只不过是公共权力的虚幻形式，公共权力被帝王、君主等极少数人所占有，甚至整个国家、民众都是他们的私有物，公共权力不具有权力主体上的公共性，也不具有权力内容和权力合法性依据上的公共性，实质上是帝王、君主等专制者统治民众和用来为自己谋取利益的私有权力，公共权力彻底丧失了公共性。只有到了民主社会，国家公共权力与君主个人私有权实现了分离，公共权力通过在资本主义制度下逐渐形成的普选制，在权力来源、权力主体、权力对象、权力内容等方面才逐渐具有公共性，政府针对社会、个人的权力才真正体现为执政者管理社会的公共权力。

普选制是目前保证和实现并使公共权力的公共性得以确认的最有效制度。西方国家的普选制度作为国家的一种政治制度，经历了由逐步形成到发展、完善的历史过程。普选制是资产阶级反对封建君主专制的产物，形成于西方资产阶级反对封建专制主义的斗争过程中，资产阶级曾以普选制作为一种体现人权的政治口号，号召普通民众起来反对封建贵族的统治。在现代资本主义社会，普选制已成为公民参与公共生活的一种形式，享有选举权的公民，根据自己的意志，依照一定法律程序，以无记名投票的方式，通过普选来参与政治，来选举议员和政府首脑，由

他们代表公民行使管理国家的公共权力。国家公共生活的公共性就来自于公共权力的公共性，公共权力的公共性就在于普遍选举这种形式以及在选举中表达出来的人民的意愿。普选制的形成经历了从少数人的选举到多数人的选举、从形式上的普选制到实质上的普选的发展过程。到现在，普选制作为民主原则的重要体制，已经被确定下来。

普选制诞生于 17 世纪的英国。英国 1688 年的"光荣革命"宣告了议会的胜利和国王的失败，从此英国结束了专制统治，开始了民主进程。民主的进程并不是一帆风顺的，也不是一蹴而就的，而是经历了渐进完善的过程。首先，所谓的"自由选举"一并始并没有普遍性，只是规定国会议员由选举产生，而且并不是所有人都有选举权，因为对选举权设置了多方面的限制，只有成年人中的极少部分人才具有选民资格。由于选举制度的歧视性，引起了广大民众的不满，所以，经过民众的不断斗争，英国的选举制度发生了多次变革。选举制度的改革，扩大了选民的范围，除了中产阶级和土地所有者具有选民资格外，城市和农村中的广大工人也获得了选举权。其次，英国在扩大选民范围的同时，又从选民的年龄方面进行了规范，规定年满 18 周岁的公民都依法享有选举的权利。不论男人还是女人一律平等，实现一人一票，都有平等的选举权。而且，为了防止选举舞弊行为，英国还制定了取缔选举舞弊法，对舞弊行为进行监督并给予法律制裁。英国的选举制度的完善经历17 世纪至 19 世纪的漫长过程，一直到 1969 年《人民选举法》进一步修订之后，普选制在英国才最终确立下来。

无独有偶，世界上实施普选制较为成功的美国其普选制的确立也经历了长期的斗争过程。一开始选举制度也面临着选民资格问题，必须是拥有一定财产的少数白人而且是男性才有选举的权利，后来才一步步扩大到多数白人男性公民。黑人取得选举资格，那是经过南北战争黑人获得解放并经历长期的斗争之后，才慢慢实现的。美国黑人获得选民资格的过程要比白人坎坷得多，种族和肤色一直是黑人取得选举资格的最大障碍，缴纳人头税和文化考试也是各州限制黑人选举的方式，一直到1965 年的《选举权法》和 1966 年最高法院的裁决，黑人才真正获得了选举权。

总的来看，普选制在西方资本主义国家实行得比较成功，美国具有代表性。普选制不是最为完美的选举制度，也改变不了少数几个大党轮流执政的现状，资产阶级还是占着统治地位，普通民众很难取得选举的胜利。但是，资本主义国家的政治权力还是通过民主化的选举制度较为充分地体现了公共权力的公共性，也体现了多数人在间接行使公共权力。公共权力的公共性一旦确立，就具有独立性，与个人生活形成相对应的公共生活。

普选制的确立，公共权力才真正具有了公共的性质。专制社会没有选举制度，更不可能有普选制度，公共权力以私有的形成被统治者完全占有，权力的本质是统治者私人的权力。公共权力的私有化就决定了统治者不是以管理的方式而是以统治的方式自上而下地在处理社会得以运行的日常事务，其目的是维护自己的统治而不是为了广大人民的普遍利益。因而对于专制社会的公共权力而言，除了权力的对象具有公共性之外，在权力主体、内容、来源等其他方面根本没有任何公共性可言。而由普选产生的公共权力不是属于个人，而是由广大民众通过选举而产生的国家领导人和政府官员来代替广大民众行使。这样，公共权力就在权力对象、权力来源、权力主体、权力内容等方面获得了全面的公共性。公共性要求国家管理方式由专制统治向公共管理转变。国家领导者、政府官员不能借助由广大民众赋予的公共权力牟取私利。当然，广大民众在赋予国家领导者、政府官员权力的同时，也可以通过民主选举将权力收回，避免公共权力遭到亵渎，以维护公共权力的公共性。

公共性是公共权力合法性的基础。民众通过普选制的方式赋予了政府的公共权力以公共性的同时，也赋予了公共权力以合法性。历史上，君权神授论曾经是统治者论证公共权力合法性的根据。中世纪，神权和宗教的思想支配着欧洲人的精神世界，"天国"的幻影遮蔽了"尘世"的凡俗。人并非生而自由，因此他们从来没有选择统治者或者政府形式的自由。君主享有绝对权力，他们的权力是神授的。神学思想家奥古斯丁与托马斯·阿奎那是该理论的积极鼓吹者。随着后来文艺复兴、启蒙运动的开展，早期资产阶级启蒙思想家霍布斯、洛克和卢梭的社会契约论成为解释公共权力公共性和合法性的根据。到了民主社会，在普选制下，公共权力的行使者由广大民众选举产生，广大民众的信任和委托使公共权力真正成为公众认同的权力，这种合法性才是真正意义上的合法性。总之，国家政权获得广大民众的认可，并接受公众的监督，才能获得广泛的合法性。公共权力具备了合法性，才能使政权获得广泛的认可，才能保证政权的稳定运行。在现代资本主义社会，不管是在野党为了取得执政地位，还是执政党为了稳固自己的统治，都想方设法地争取获得广泛的合法性，而且为了获取合法性，不惜暂时牺牲本党及所代表的利益集团的部分利益来满足民众的需求和维护公共利益。

公共权力的公共性和合法性是内在统一的。公共性是公共权力的本质特征，其要求政府的一切活动都要围绕公共利益的实现与维护来展开，这是公共权力合法性的根本来源。同时，公共权力具有了合法性，就能够更好地实现社会的公共利益，体现其公共性。公共性和合法性对公共权力的双重认证，等于公共权力的行使具备了雄厚的社会基础和保障，其运行的程序、方式、原则以及所要实现的目标，都会最大限度地得到社会认同。可见，公共权力的公共性和合法性具有相互同一性。当然，资本主义国家掌握国家政权的资产阶级只占人口的少数，其利益与广大民众的利益总是面临着冲突和矛盾，一旦资产阶级为了自身的利益而过分侵害民众的权力，就会丧失来自公众的公共性、合法性，公共权力必将出现公共性危机、合法化危机。完整意义上的公共性和永久的合法性并不存在。

（三）国家公共政治危机

（1）合理性危机

哈贝马斯说："与自由资本主义时期不同，（晚期资本主义社会阶段的）国家机器不再只是一般的生产保障条件，也就是说，不再是保证再生产顺利进行的前提，而是积极地介入到再生产过程当中。"① 这种经济系统与政治系统的重新结合，在某种程度上使生产关系重新政治化了。政治化的生产关系使公众总是将目光转向国家，期待合理政策的出台；相反，国家干预造成的经济失调往往被认为是行政不力的结果。这样，经济矛盾就转移到国家，国家成为各种矛盾展开的场所。这就使国家政策面临着合理性危机，而其后果是国家必须论证干预社会的正当性

---

① 哈贝马斯：《合法化危机》，上海人民出版社 2000 年版，第 50 页。

即合法性。

哈贝马斯描述了当国家采取宏观的财政和货币政策来避免经济危机的时候可能出现的矛盾现象。比如，政府承担着越来越多的维持国防建设的费用、基础设施的费用、社会保障的费用、解决环境问题的费用等，而要解决这些费用问题就必须收税。如果增加税收，企业和个人的利润就会减少，增加资本上的投入就会受到限制，从而最终导致税收的减少。但是，从政府的开支方面来说，政府需要越来越多的税收收入，然而为了增加税收，政府只有在一定程度上减少税收，刺激企业增加投入，扩大收益，才能在总的税源上增加收入。这种矛盾表明，政府的行政决策缺乏合理性。正如哈贝马斯指出："由于相互矛盾的控制命令会导致自发的商品生产处于无政府状态，并且使增长充满危机，而这些控制命令又是在行政系统中发挥作用的，因此就会出现合理性欠缺。"①沃尔夫说："在修正某种不平等的努力时，可能产生另外的不平等，或分配的不平等可能恰恰产生于试图纠正除分配不平等以外的其他市场缺陷的努力。"②

哈贝马斯认为合理性危机的社会根源在于阶级冲突。他说："这种危机原理目前建立在这样一种观点上，即由于一直具有私人目的的生产日益社会化，这就给国家机器带来了无法满足的矛盾要求。一方面，估计必须发挥集体资本家的功能，另一方面，只要不消灭投资自由，相互竞争的个别资本就不能形成或贯彻集体意志。这样就出现了相互矛盾的命令，一方面要求扩大国家的计划能力，旨在推行一种集体资本主义的规划，另一方面却又要求阻止这种能力的扩大，因为这会危及资本主义的继续存在。于是，国家机器就左右摇摆，举棋不定，一方面是人们期待的干预，另一方面则是被迫放弃干预；一方面是独立于自己的服务对象，但这样会危及系统，另一方面则是屈从于服务对象的特殊利益。"③比如，对于穷人来说，增加社会福利，是他们对于政府的期待，而对于富人来说，减少税收，扩大经济的自由是他们对于政府的期待。于是，政府就必须在增加税收和减少税收、增加社会福利与减少社会福利之间

---

① 哈贝马斯：《合法化危机》，上海人民出版社 2000 年版，第 84 页。
② 沃尔夫：《市场或政府》，中国发展出版社 1994 年版，第 72 页。
③ 哈贝马斯：《合法化危机》，上海人民出版社 2000 年版，第 84—85 页。

进行艰难的抉择。资本主义国家出现的长期的通货膨胀和财政危机，左翼和右翼政府的更迭都体现了政府决策中的合理性危机。①

（2）合法性危机

政府行为除了存在"合理性危机"之外，还存在着"合法化危机"。哈贝马斯指出，国家把干预的触角扩大到经济领域之外的政治、文化领域。这种干预能力的扩大和增强必然导致社会危机从经济系统转移到政治、社会文化领域，表现为一种全面的、普遍的危机。众多危机结合在一起，造成最重要的结果就是资本主义政府的合法性受到了质疑，其关乎资本主义的未来，一个政府如果不能获得群众的支持、信任、认同，那这个政府的一切行为就失去了合法性。

合法性关系到一个政府的生死，其产生的原因是多样的，也是晚期资本主义社会矛盾发展的必然结果。首先，一个国家的政府在面对社会提出的各种矛盾和事务时，如果不能及时和准确地做出合理化的决策，就会损坏长期建立的群众信任的基础，群众就会对政府的执政能力抱有怀疑的态度，不能给予支持和信任，如此下来，积累成疾必然造成合法性危机。用一句话概括，就是合理性危机导致合法性危机。其次，随着合法性危机的产生、发展和日益严重，政府必然会挽救其合法性，加大干预社会文化系统的力度，通过干预新闻媒体减少不利于行政系统的因素或者逐渐控制新闻媒体等文化系统为自己服务和宣传，以避免合法性危机的扩大。所以，行政系统对文化领域的干预造成了适得其反的结果，反而加剧了其合法性危机。最明显的例子就是像路透社、法新社和德新社等都逐渐由纯粹的私人机构转变为官方或半官方的机构，而政府官员等也越来越积极地参与到新闻事件的制造过程中，借助公共媒介推销自己和自己的意识形态，开始承担起规划意识形态的任务，屏蔽危害政府统治和管理的各种不利言论，力求挽回群众对政府的合法性信念。政府对社会的干预随之加强，市民社会中私人的公共领域的独立性逐渐丧失，这也正是哈贝马斯所说的"公共领域的结构转型"。政府越是担心出现合法化危机，就越是采取行政手段干预和抵制文化系统，结果合

---

① 王晓升：《哈贝马斯的现代性社会理论》，社会科学文献出版社2006年版，第200—201页。

法化危机也就越来越严重。就好像人陷入沼泽地，越挣扎陷得越深。表面上看政府对文化系统的控制能够为其提供合法性的力量，能够减缓合法化丧失的速度，但是，实质上当政府利用权力控制文化之时也就是政府逐渐丧失其合法性之时。文化系统是私人生活领域的一部分，行政侵入文化系统，就会使民众认为自己的私人领域遭到了威胁，生活世界被殖民化，这样行政试图通过控制文化系统来论证自我合法化的企图反而遭到了民众的质疑和反对，反而扩大了对合法性的普遍压力，合法性危机必然产生。国家在利用文化系统论证自己合法化的同时，也使其丧失了合法性。哈贝马斯指出："获取合法化的'方式'一旦被看穿，对合法化的追求就会不战自败"①。最后，科层制的形成及对私人公共领域的入侵也造成了国家公共政治合法性危机。资本主义国家政府在管理国家公共事务的过程中，不断积累经验和改进管理方法，逐渐形成了一系列的管理体制。如法律化的等级制度、政府机构的等级制、政府官员的责任制、专家权威制等，都加强了资本主义国家的有效管理。韦伯把资本主义国家长期发展过程中形成的这种管理方式概括为科层制。科层制的最大特点就是程序和手段都技术化，排除了人为因素和情感因素。"不仅愈益倚重各类专家，而且在管理的方法和途径上也越来越科学化、合理化，组织行为的科学化业已成为各类科层的共识。科层的日常工作大部分与信息、各种知识、对信息的收集整理归纳、多个可行的决策方案的提出以及对这些方案的进一步的彻底的论证等相关。不仅组织行为技术化了，而且组织目标及这些目标的确立过程也技术化、合理化了。"② 正是科层制的这一特点，帮助公共行政渗透到私人生活领域的各个层面。"科层化和合理化渗透到社会生活的各个方面，于是便出现一种'专家文化'和'技术官僚话语'，整个社会进入了一种'专业社会'。"③ 专业化成为整个社会事务管理的一种发展趋势。表面上专业化也意味着管理的权威化、技术化和科学化，但实质上专业化却成为统治阶级统治的工具。大批知识分子经过政府部门的认定和组织成为各行各

① 哈贝马斯：《合法化危机》，上海人民出版社2000年版，第93页。
② 焦文峰：《韦伯科层制理论分析》，《齐齐哈尔师范学院学报》（哲学社会科学版）1998年第2期。
③ 周宪：《审美现代性批判》，商务印书馆2005年版，第451页。

业的专家，各类专家服务的对象也从公众转变为政府各部门，成为政府论证各项政策的幕僚和顾问。一切公共事务都是专家制定的，专家成为政府官员意志的代言人。但是，正如哈贝马斯所判断的一样，政府科层制的发展，进而社会生活各领域的科层化倾向，必将导致政府权力膨胀和公共行政向私人公共领域不断扩张，导致私人公共领域严重异化，使公共权力出现合法性危机。

第三章

市民社会与国家不同的活动原则

在市民社会和国家二分架构下形成了私人利益和公共利益、伦理道德和法律规范、一般人生活价值观和核心价值观等多层级的二分架构，体现着市民社会和国家不同的活动原则。

一　私人利益与公共利益

马克思研究人类社会及其历史发展的出发点是"现实的人"，不是费尔巴哈的"抽象的人"。与"抽象的人"不同，"现实的人"就是指在一定社会关系下，既要追逐私人利益又要从事公共活动的"特殊个体"和"社会的人"的双重复合体。所以，在整个社会发展过程中必然出现私人利益和公共利益之分，必然出现私人利益和公共利益的矛盾。

（一）私人利益是市民社会中个人生活的出发点

政治革命解放了市民社会，使市民社会摆脱了国家共同体，变成一种独立性的存在，而且是建立在私有财产基础上的存在。市民社会中私有制的确立，使个人从国家整体中解放出来，成为有各种私人利益要求的"特殊的个体"，成为"利己的人"。这样，追求私人利益就成为每个"利己的人"的生活出发点。

追逐和实现自己的私人利益是每一个人为了保证生存和谋求发展，在日常生活当中必须从事和选择的最基本和最现实的活动。每个人都是"特殊的个体"，每个人有特殊的私人利益。马克思所说的"历史的第一个前提"即人们所进行的物质生产都是为了达到私人利益的满足。马克思肯定了追逐和实现私人利益在社会发展中的作用，指出追逐和实现私人利益不仅满足了个人生活的吃、穿、住、行等生活需要，使个人生活得到改善，同时，人们在追逐私人利益的过程中，也推动了个人的社会实践活动和增强了人们之间彼此的社会联系，人类社会也在人们追求私人利益过程中得到了发展。

马克思也一再强调，不论是追求私人利益的个人，还是私人利益本身都受到既有的历史条件和社会关系的约束。马克思指出自己是各个个人的出发点，不过这个自己是在一定的历史条件和关系范围内的自己。人们在生产活动当中，通过日常的沟通、交流以及物质交往，创造了个人所生存的社会，这个社会同时也就成了个体实现自己利益的必然形式。同样，每个特殊个体所追求的具体而又现实的私人利益是个人在所处的社会历史条件下，通过自己的私人实践活动，借助于社会所提供的手段和条件实现的，并不是凭空产生的，这种私人利益受到了社会历史条件的制约。私人利益并不能由独立的私人来完成，而是由众多独立的私人共同创造的周边环境即社会所决定。单个人的生活连维持生活都非常困难，何况还要追求不同的欲望和利益。他们只有联合起来，共同创造条件和手段并共享这些条件和手段，才能保证各自利益的实现。任何个人利益都不能以自己为转移，是社会条件决定个人利益。私人利益的实现需要"特殊的个体"主观上的努力和奋斗，但是，其实现更离不开社会提供的客观条件和手段。借助于社会提供的手段和条件，也就意味着需要依赖于社会中的其他人，需要在与他人的经济交往、文化交往中来实现各自的私人利益。每个人要想达到自己的目的就必须成为别人实现自己目的的手段；每个人只有把自己当成目的，才能成为他人的手段，才能成为为他的存在；每个人既是手段又是目的是同时间的，手段和目的是互为前提的，成为别人的手段才能实现自己的目的，把自我当成目的才能成为别人的手段。因此，市民社会中的每个人表面上看都在为另一个人服务，实质上真正的目的都是为自己服务，市民社会中的每个人都彼此互为利用、互为手段。每个人的私人利益都不是由本人自己独立实现的，而是在彼此联系中互相借助他人来实现的，并且他人的私人利益的实现和自己私人利益的实现是同一过程。

（二）公共利益及公共利益的现实性、虚伪性

在市民社会中，不同"特殊的个体"之间的私人利益的实现是互为前提的，而且，私人利益的多样化为各种私人利益的彼此实现创造了可能。同时，公共利益（马克思有时也用"共同利益""普遍利益"概念来指称公共利益）也就在不同的私人利益之间产生。马克思强调，公共利益或者普遍利益的公共性来源于个人的独立性，个人的独立性通过交换的普遍形式产生一般性，公共利益是保持各自独立性的需要。所以，从这个方面讲，公共利益就是具有社会性存在属性的人在彼此追求自己的私人利益并彼此获得实现的过程中必然产生的结果。

虽然说各种私人利益的实现要彼此互为前提，但是，这并不意味着互为前提这一必然要求避免了私人利益之间的冲突、斗争。私人利益实现过程中发生的矛盾和冲突与彼此互为前提并不矛盾。为了避免矛盾和冲突的升级以至于毁灭整个社会，在彼此追求私人利益过程中产生的公共利益必然依附于一定的共同体中，并由共同体来代表和实现，以此来缓和、调节私人利益之间的矛盾。这样，共同体所代表的利益就是公共利益，它所从事的活动就是公共活动，活动的领域就是公共领域。从这个角度说，公共利益又是对私人利益冲突的解决。

在现代社会，国家就是公共利益的代表。马克思曾经指出，国家代表公共利益的同时还建立在公共利益和私人利益的矛盾之上，起着调节二者矛盾的作用。目前调节私人利益和公共利益矛盾的最好的手段还是国家共同体。国家共同体是人类社会发展到一定阶段，在试图解决私人利益和公共利益等各种矛盾的过程中产生的。在现代市场经济体制下，随着经济交往范围的扩大和内容的复杂化，私人利益和公共利益、不同共同体和国家之间的矛盾也随之复杂化和激烈化，作为现代社会最有力的一种组织形式，只有国家通过采取各种行政措施和宏观调控政策等一系列公共措施才能暂时地缓解和调节这些利益之间的矛盾。恩格斯也在《家庭、私有制和国家的起源》一文中论述了国家共同体思想。恩格斯与马克思的关于国家的思想基本一致。恩格斯强调了国家产生的历史条件和背景。历史条件就是各种阶级矛盾和利益矛盾的产生及无法解决，社会冲突的加剧。国家产生的背景就是人类社会良性发展的需要，需要

国家这种凌驾于整个社会之上的力量来缓和对立面的冲突，来保持人类生活的秩序，来保障本民族整体利益不受外力侵害。马克思和恩格斯阐述了国家产生的历史进步性，是历史发展到一定阶段的必然产物，指出公共领域目前只能由国家来代表。虽然国家自产生之日起就天生具有同社会相异化的力量，但是，作为公共利益的代表具有不可替代性。国家共同体之所以能够解决私人利益与公共利益之间的矛盾，之所以能够凌驾社会之上，就是因为国家可以依靠行政权力行使自己的职能和发挥作用。

但是，国家共同体的公共性和阶级性的双重属性使其所代表的公共利益表现出现实性和虚幻性。马克思认为，国家所代表和实现的公共利益的现实性主要体现在：社会冲突的解决、社会稳定的持续维护、以公共利益的形式来调节公私之间及各种共同体之间的利益矛盾。这也是社会所有个人谋求生存、追求发展、和谐共处的需要，国家共同体的存在符合人类的共同利益。另外，马克思也没忘记国家的阶级属性，没有忘记国家不是独立于社会的、位于社会之上的完美的执法者，国家没有摆脱各阶级之间利益的纠葛。国家是双重利益的代表并不矛盾。国家共同体在代表人类公共利益的同时，还无疑代表统治阶级的利益，因为国家的实质是占统治地位的阶级用来维护和实现本阶级共同利益的工具。相对于处于被统治地位的阶级来说，国家代表的公共利益并没有把被统治阶级包括进去，是虚幻和不真实的。当今社会，国家的作用越来越大，越来越广，国家社会化趋势加强，就需要国家能够真正代表人民的利益，虽然资产阶级统治者在宣传执政纲领时也迫于民众的压力，在一定程度上向民众倾斜，尽量保持公正、民主，但是，一旦发生阶级矛盾和重大利益冲突，国家保护的还会是掌握政权的统治阶级的利益，国家代表的公共利益的虚伪性在资本主义社会仍无法避免。马克思解决此问题的方向就是建立无产阶级专政，把国家政权回归社会，最终建立自由人联合体。在自由人联合体，国家消亡、阶级对立消失，公共利益和个人利益将实现同一，公共利益的虚幻性彻底得到解决。

（三）私人利益与公共利益的关系

在私人领域和公共领域没有从领域合一走向领域分离之前，私人利益和公共利益的分离也是不可能的。只有私人领域以及相应的私人利益从共同体中分离开来之后，才会产生与之相对的公共领域和公共利益。

私人利益和公共利益是相互矛盾的关系。马克思认为，造成私人利益与公共利益矛盾关系的原因不是自然分工，而是由基于社会关系形成的分工。分工造成的普遍结果是形成了单个人的利益，但是，同时也意味着单独的个人不可能在自己所负责的领域实现自己所有的利益。社会中的个人分别处在不同的共同体之中并维护本共同体的利益，就会出现共同体之间的利益矛盾。同一共同体之中，个人为了维护自己的利益，就会出现共同体内部个人之间的公共领域和私人利益之争。在分析了分工是形成私人利益和公共利益矛盾关系的根本原因之后，马克思认为消灭分工就是解决私人利益和公共利益矛盾关系的前提和基本条件。但是，马克思也指出，当分工还不是自由和自愿的、还带有强制性时，私人利益和公共利益之间的矛盾要获得缓解和调节还必须依靠国家共同体。

同时，私人利益与公共利益之间又是相互依存的关系。"特殊的个体"在追求各自的私人利益过程中，必然产生公共利益。没有私人领域和私人利益的独立，就没有相应的公共领域和公共利益。私人利益依附于各自独立的"特殊的个体"，具有局限性。公共利益在解决私人利益的对立、矛盾和冲突过程中超越了"特殊个体"和私人利益的局限性。如果私人利益不受公共利益的限制，人们在相互追逐私人利益过程中就会导致普遍的否定，人们的社会实践和生产活动就难以继续下去。所以，公共利益在限制私人利益的同时，也在保障着私人利益的实现。总之，私人利益是公共利益产生的前提，公共利益超越私人利益，并依附于国家来保证私人利益的实现。二者在相互矛盾及相互依存中保障社会稳定发展。

二　伦理道德与法律规范

现代社会由代表个人生活领域的市民社会和代表公共生活领域的国家两部分构成。没有规矩不成方圆，无论是个人生活，还是公共生活，都不能是无秩序的混乱的状态，都必须由属于自己领域的规范和制度来调节、保证生活的有序进行。那么，两种生活领域的规范有着本质的区别，个人生活领域依靠不具有强制性的伦理道德来调节，国家公共生活领域依靠具有强制性的政策、法律等来规范。

（一）伦理道德及其约束的领域

"伦理道德以不同于政治法律的方式说话，它不说'必须'，而说'应当'。即是说，伦理道德不是强制性的而是非强制性的社会规范，它所构成的约束机制是对另一个社会活动领域的规约。非强制性规范之所以能够成为'规范'，就在于它能够规范人们的活动，使人们不逾越它所设定的规矩和界限；它之所以是'非强制'的，在于它没有与拥有强制性手段的国家相结合，只是起作用于政治法律领域之外。这个政治法律领域之外的领域，就是市民社会。"① 伦理道德是调整市民社会内部人与人之间关系的社会规范，其特点是其不与拥有军队、法庭、监狱等国家机器的国家相结合。伦理道德依靠私人的自律，不是要求市民必须遵守的强制性的社会规范。伦理道德来源于人们之间的生活交往，是人们日常生活得以维持的自发行为。正如国家属于政治法律的制度领域一样，市民社会属于伦理道德规约的领域。

个人生活与公共生活从规范制度上有个明显的界限，只要市民在个人生活的家庭、市场经济体系、个人生活的公共领域中没有触犯法律，只要人们的活动都是独立的个人之间的自主交往，没有从事国家政治公共活动，就仍然还处在市民社会之中，而没有进入法律制裁的范围。在这种情况下，一个人做什么或不做什么都由他的意志自主决定，任何人都没有资格干预他的行为。但是，我们在社会生活中的感觉和经历告诉我们，在市民社会中我们不是绝对的自由，自由是相对的，没有触犯法律的情况下，我们在市民社会中还受到一种无形的强大力量的制约，这种力量便是社会的伦理道德的力量。伦理道德与法律不同之处在于制约手段的不同。法律依靠国家机器执行，伦理道德依靠市民自觉遵守，当然这种自觉的遵守是一种社会生活的需要，也有一定的强制性，但这种强制性不同于国家机器，是一个人要想在社会中生活就必须具备的，每

---

① 王新生：《市民社会论》，广西人民出版社 2003 年版，第 150—151 页。

个人都不可小视，也不能逃避，而且随时准备接受它的制裁。比如说，在公共场合随地吐痰并不构成违法犯罪，但是却要受到公众的指责；一个商家在卖出伪劣商品之后，如果不负责理赔就会被消费者所淘汰，就会关闭停业；在朋友之间，如果一个人不诚恳、不守信，圆滑和不实在，就会受到朋友的唾弃，而且会影响他在社会中的名声和地位。所以，伦理道德的力量并不诉诸强制性的手段，但是，任何存在于市民社会之中的人都不可能忽视它的存在，都不可能逃避它的制裁。

我们所说的个人生活不是指单独一个人的生活，而是指社会中每个人相互交织的个人生活。人的社会性决定了人与人之间相互需要、不可分离，决定了每个人的生活领域不是封闭的而是互为前提的。互相承认、互相需要、互相沟通是人的本性。人是社会性的动物，是具有公共伦理的动物。"市场社会将个人从其所属的共同体中分离出来，变成独立的个人，在'需要的体系'中，这些个人尊奉个人主义和利己主义的原则进行经济的交往。但是，这并不意味着他们就只从事经济交往而不从事其他的活动，也不意味着他们利己主义的活动不需要其他非经济因素的规约。当他们的活动超出于经济交往之外时，规约交往行为的规范也必将超越个人主义和利己主义而由公共伦理所取代。"[①] 来源于私人间的交往，又超越私人间的交往，作为规约整个市民社会生活的一般条件，作为规约和调节不同私人行为的价值和伦理，是一种普遍价值和公共伦理，这种普遍价值和公共伦理与国家强制性规范的法律等政治法律体制相对应，区分了市民社会和国家两种生活领域。

在现代社会中，所谓独立的个人是指市场经济的确立使个人从共同体中解放出来，获得独立性。虽然产权私有化将个人与个人之间的界限明确化，体现了个人的独立性，但是，个人的独立性并不能把个人相互性的空间、公共的利益、公共的旨趣、社会归属感等多条纽带分裂开来，实质上经济交往中的个人独立性不能阻碍反而在一定程度上促进了公共领域的形成。这并不矛盾，正如我们已经谈到的，"公共领域是一个相互性的领域，是精神文化和公共伦理生长的空间，所以，这一领域中的产品与'需要的体系'所生产的物质形态的产品极为不同。物质

---

① 王新生：《市民社会论》，广西人民出版社2003年版，第173—174页。

形态的产品，包括财产的所有权，都具有独占性的特征，它的消费必然使其减少，一个人的占有意味着另一个人的失去；而精神产品则正相反，是可以共享的，对它的消费并不会使其减少，它的消费者越多，则它本身就越是增加和放大。所以，只有在公共领域中，产品及其所有权的私人性质和独占性质才可以被消解，伦理才能成为反映公共利益和公共价值的公共伦理"①。社会生活中，每个人都有自己的不同需要和诉求，在谋求异样的诉求的过程中，必然产生各种矛盾和冲突。但是，人的社会性要求人类必须相互沟通和达成共识，不然每个人都难以达到自己的目的，社会也不能发展。彼此之间各种特殊诉求的认同是达成共识的基础。只有在互相尊重的基础上，通过交流、沟通、协商等多种形式，才能找到解决各种诉求的办法。用亚里士多德的话来说，这是一个"说话"的过程。"说话"可以具有多种不同的形式，既可以是日常交往中的语言和非语言交流，也可以是理论的探讨、学术的争鸣，或是社团理念的交锋等。在市民社会中，当人们对自己和他人的私人利益或团体利益彼此承认或了解之后，就会通过各种交汇聚集的场所和各种交流平台相互表达自己的认识或意见，在这个过程中，各种认识、意见、主张等会得到充分的交流和沟通，反对也好，赞同也好，在保证各自特殊利益的同时，当这些意见经历了讨论、纷争、相互的冲突、重新的组合之后，必然会形成一种总体上不同于任何一个个人或社团的单个意见的共同性认识，这些共同性认识也会转化为人们普遍认同的公共精神，内化为大多数社会成员的内心情感、意志、信念等。这便是公共伦理的形成。

公共伦理的存在对于现代市场社会来说具有极为重要的意义。首先，如果没有公共伦理，人们在市场经济大潮中各自为政，每个人都按照各自特殊的利益去活动，必然会造成一片混乱，就无法从中产生出规范人们活动的一般性规则。这样一来，人们的生活也就不能突破私人的局限，就不能拓展更大的生活空间，社会性将被否定。其次，公共伦理既是人的社会化的产物又是社会有序运行的保障。同时，正因为市民社会的有序运行才能够保障市民社会形成凝聚性力量与国家抗衡并良性互

① 王新生：《市民社会论》，广西人民出版社2003年版，第174页。

动。不然，国家将通过国家机器和法律强制性规约直接统治市民，从而回归市民社会和国家混一状态。公共伦理的形成避免了一切都取决于大众骤然产生的非理性冲动或取决于政治国家骤然产生的非理性决断所造成的严重后果。最后，国家决策的合理化和国家合法性的评判依据是市民社会中产生的公共伦理。公共伦理是市民社会的呼声，是市民社会一般性的大众规约。国家要获得合法性和合理性支持，就在于是否迎合市民社会公共伦理。"国家的法律和制度并不是凭空制定的，而是对社会普遍要求的一种反映。这些反映不可能来源于单个的、分散的个人，只能来源于它们在公共交往中所形成的一般性规则。这些规则是人们在生活实践中经过讨论、协调、试错，甚至摩擦和冲突而总结出来的，反映了人们可以接受的利益关系结构。凭着它，国家所制定的法律就自然地具有了合法性的根据，就可以顺利地执行和贯彻，否则就将失去其合法性。"①

（二）　法律规范及其约束的领域

法律规范是指通过国家的立法机关制定的或者认可的，反映国家意志的，并由国家强制力保证实施的，约束人们行为的一种具有强制性特征的行为规范。强制性和非强制性是约束机制的两种属性，其分别应用于不同的生活领域。带有强制性的政策和法律是国家公共生活领域特有的并依靠国家机关强制执行的行为规范。它与个人生活领域依靠伦理道德来调节的方式有着本质的区别。

法律规范本身并不能形成强制力，军队、警察、法庭、监狱等国家机关是国家政策、法律等强制性规范得以实施的保障。没有强制性国家机关的配合和支撑，国家政策、法律的强制性也难以体现。因此，强制性机关和国家政策、法律规范共同构成强制性领域。国家政策和法律规范，只能在国家公共生活领域中起作用，不是调整私人生活领域的规范，更不是全部的社会约束机制。"正是由于这一内在的特征，使得政治法律领域被看作是一个区别于市民社会的政治国家的活动领域。所以，当我们说政治法律领域是一个独立的领域时，其实包含有两层不同

----

① 王新生：《市民社会论》，广西人民出版社2003年版，第156页。

的含义。一是说，政治国家是一个由一系列专门的执行机关构成的独立体系，它有其完全不同于市民社会的构成模式和运行特征，因而是一种独特的社会设置。二是说，在整个社会中，强制性规范有其确定的约束范围，超出了这一范围，就超出了它约束的合理界限。"① 在传统社会中，由于分工和商品交换不发达，人与人之间建立的是人的依赖关系，这种人的依赖关系就决定着血缘和地缘共同体是社会中相对稳定的单位，各个共同体以其自发形成的风俗和习惯来进行有效的社会约束。然而，由于血缘和地缘共同体的多元性，彼此分割、相互分离的共同体必然产生不同的风俗和习惯，使生活在不同共同体中的民众的风俗和习惯也存在着多元性，这就导致整个社会缺乏统一的标准、规范来调节，这将极大地阻碍以理性和普遍性为根据的政治法律规范的直接实现。另外，由于各个共同体和国家之间都是同心圆的关系，都具有相对的独立性，管理体制和模式都基本一致，只是存在大小的依附关系，国家借助这种相对独立的共同体就可以保持社会秩序的相对稳定，而且无需花费更高的成本去建立政治法律体制，所以，传统社会的国家管理规范和社会的管理规范并没有明显的区分。因此，在传统社会中，国家通过共同体、法律通过伦理而实现对社会的整合是一种符合当时历史状况的现实途径。

　　传统社会的统治者号称是天子，代表"天"来管理和统治臣民。这是最高级别的等级伦理。臣民服从皇帝统治并不是因为皇帝是民主选举的结果，也不是法律的规定，而是对"天"的崇拜和畏惧。皇帝代表国家统治臣民依靠的也不是法律，而是天之传承的最高的伦理道德。所以，法律的严明、健全、完善，国家行为的公平、公正、民主，不是传统社会的统治者所追求的目标，他们注重的是如何有德，如何"以德配天"，有了"德"就具有了统治的合法性。这样，在当今社会有着明显界限的法律规范和伦理道德，在传统社会不加区分地结合在一起，法即是德，德即是法，成为政治统治的基础。统治者也因为"德"所具有的这一统治特性，而大肆宣传有利于统治阶级的伦理道德，并作为核心意识形态赋予其强制性。

---

① 王新生：《市民社会论》，广西人民出版社 2003 年版，第 147 页。

统治者把等级伦理和政治统治挂钩，从而使道德和伦理具有了强制性，成为统治的工具。与国家共同体具有同心圆结构关系的地方共同体和家庭、血缘共同体等也效仿此种统治方式，从而把伦理、道德这种本来没有强制性的自发规范附上强制性贯穿整个社会生活，传统的政治国家就是这样完成了对整个社会的统治。所以，在传统社会中，由于个人生活和公共生活的同一状态，政策和法律规范不可能形成一个专门的领域，而是由伦理道德代替了法律规范实现了对整个社会生活的全面调节和控制。

随着生产力的迅速发展，市场经济的确立，人的依赖关系被打破，人与人之间建立起了物的依赖关系。这就使等级伦理失去了强制性，帝王的统治地位土崩瓦解，传统的血缘关系和地缘关系被撕裂，个人摆脱了对共同体的依赖，变成了彼此独立自主的个人。但个人并没有因为摆脱了等级伦理和传统道德的束缚从而彼此互不干扰和各自独立，老死不相往来，而是被一种新的关系联为一体，开始了全新的个人生活和公共生活。这种全新的生活状态就是社会和国家分离，德和法两种约束机制从混一到分离并分别约束不同的社会生活领域，伦理道德约束个人生活，法律等规范约束公共生活。在这样一种生活中，"每一个人都是特殊的，但每一个人也都是一般的。没有一种特殊性的风俗和习惯可以成为约束所有人的一般性规范，只有以理性为基础的法律才具有这样的资格，因为只有它才具有将一切特殊性统一起来的普遍性。但是，普遍性也有它的局限性，它的局限性就在于普遍性本身。法律的一般性的优点在于它排除了无法以普遍的理性原则推出的对人类特殊行为的规约，因此，它所能够规约的也只能是人类最为基本的行为。法律只是最低要求的社会规范，不可能约束人的所有活动。它越是成为一般的规范，就越是对人类最为基本行为的约束；越是得到了全面的实现，就越是被局限在特定的范围之内。也就是说，在市场社会中，法律政治关系构成了一个独特的活动范围，只有在这个活动范围内它才是有效的，超出了这一范围，就超出了它的普遍性尺度，它的约束也就归于无效"[①]。国家与市民社会的划分，个人生活与公共生活的划分，打破了混一的约束机制，使伦理、道德和法律规范等约束机制各得其所。"政治法律活动被

① 王新生：《市民社会论》，广西人民出版社 2003 年版，第 148—149 页。

约束在社会生活一定的范围之内，意味着在应该它说话的时候它才能说话，也意味着在需要它说话的时候它必须说话，但是，无论如何都不意味着它可以在任何场合说话。当人人都知道他们的某些行为是受法律约束的时候，他们也就知道了另一些行为是不受法律干涉的；当人人都懂得必须依据法律去活动的时候，法律也就必须依据法律去活动；当道德在整个社会中旁若无人地大声说话时，法律肯定不在场或不需要它在场。这就是市场社会为人们的活动划清的界限。"① 在市场社会中，国家公共生活的作用被强化，但强化并不意味着国家公共行政干预整个社会的生活，从而使个人生活完全从属于公共生活。恰恰相反，国家政治生活被强化的同时却被限定在一定的范围之内，从而使个人生活和公共生活截然分开并良性互动。国家政治生活被强化的原因在于市场社会是一个生产力、分工和交换、专业化生产等高度发达的社会，这种状况使现代的市场社会构成一个结构严密的体系，任何一个环节出现问题都将影响整个社会，比之传统的社会，这种社会更需要强制性的调节。如果缺失了政治法律的约束，社会很快就会处于失序和混乱的状态。在传统的社会中，生产力落后，分工和交换不发达，专业化生产没有形成，各个环节之间的联系并不紧密，任何一个环节的生产都是可替代的，缺少任何一个环节都不构成对整个社会秩序的破坏。另外，传统的社会是一个由多个相似的共同体构成的社会，它们之间彼此分离，自成体系，一个共同体的运行出现问题往往不会在很大程度上影响其他共同体的运行。所以，即使国家强制性规范的约束失效，社会的共同体也会以其自身的约束机制很好地调节社会生活，使其正常运转。但是，随着资本主义时代的到来，经济危机和社会危机等周期性地频繁发生，在这种情况下，就必须有一种强制性的力量制止破坏因素的产生和发展。2008年发生的世界性的金融危机就是一个明显的例子。金融危机与以往发生的经济危机相比，危害性更大，影响范围更广，需要世界各国采取积极措施共同遏制危机的发展以促进经济发展和复苏。所以，在市场社会中要强化国家政治生活，加强全球合作和治理，但是，这种强化是有界限的，并不是对个人生活的干预和取消。不然，不利于市场经济的发展，

① 王新生：《市民社会论》，广西人民出版社2003年版，第149—150页。

反而会影响和破坏世界经济秩序。金融危机所导致的贸易保护主义抬头就是国家公共生活过度干预市场经济秩序的明显例子。

（三）伦理道德与法律规范的关系

伦理道德与法律规范对整个社会生活的调节、约束和整合在人类社会发展的不同历史时期表现出不同的形式。有的历史阶段的社会调节以法律规范为主，有的历史阶段的社会调节以伦理道德为主，有的历史阶段的社会调节二者相互结合共同发生作用。同时，二者在历史发展过程中并不是相互对立的，还可以相互转化。伦理道德发展到具有将一切特殊性统一起来的普遍性的时候就会转化为国家的法律规范。法律规范在强制执行过程中得到人们普遍接受和承认之后，会成为人们日常的社会习惯，并内化为人们的伦理道德。表面上看，这种转化是相互交替的，是彼此循环的，但是，随着人类理性的进步，伦理道德和法律规范这种外在的约束必然转变为整个人类内在的自觉行为，内化成每一个社会成员的良心和德行，法律规范最终将被伦理道德所替代，而且，这个时候，个人生活和公共生活将成为内在的统一，国家也将结束其历史任务，走向灭亡。

法律规范和伦理道德的转化是人类历史发展的必然，是整个社会发展的需要。其一，不论是法律规范还是伦理道德，虽然规范的领域有所区别，但对于整个社会来说，都是为了使社会稳定、有序的运行。这是它们的共同点，也是它们可以相互转化的前提。规范领域的差别，并不能阻碍其相互的转化，法律规范和伦理道德通过转化可以跨越私人领域和公共领域的界限，并最终通过内化为人们的德行和良心，统一整个社会的规范。其二，国家是双重利益的代表，国家共同体在代表人类公共利益的同时，还无疑代表统治阶级的利益，因为国家的实质是占统治地位的阶级用来维护和实现本阶级共同利益的工具。这样，国家制定的法律规范有时候就会背离服务整个社会的目标，越来越具有独立性和自主性，有时甚至和市民社会中的伦理道德发生矛盾，如果这种矛盾和冲突不能及时解决，国家的法律规范就会失去来自市民社会伦理道德的这块肥沃的土壤，变成统治阶级的专断意志，本身会越来越出现合法性危机，造成整个社会的不稳定。所以，不管是统治阶级为了维护统治的需要，还是国家与社会发展的需要，法律规范和伦理道德的转换是必然的，只有这样，法律规范才能从伦理道德中获得合法性，因为伦理道德是产生于社会交往的，人们自发形成的规范，是一切规范合法性的根源。法律规范和伦理道德在相互转化中相互提升，并最终内化为人们的良心和德行。

法律制度和伦理道德的相互转化是一个不断更新的过程。二者的转化不是静止于某个点或者某个时段，而是在不断更新中实现转化，在相互转化中不断更新。现代社会中的法律规范和伦理道德与传统社会中的法律规范和伦理道德已经不可同日而语了。它们将随着人类历史的发展和进步，发展到马克思所论述的人类自由人联合体阶段，随着个人生活和公共生活的统一而统一。

三　利己主义价值观与核心价值观

（一）利己主义价值观

个人主义和利己主义价值观在现代市场经济社会中非常盛行。虽然说我们不主张过于利己，但是，不得不承认这是在生产、交换甚至是人际关系领域一般人都坚持的价值观。"在因需要而相互勾连的领域中，所有的人的所有活动都是为了同样的目标：从相互的交往中获得私人利益的最大化实现。而且，在市场社会的私人关系中，个人主义和利己主义已经不仅仅是一种法则，而且成为一种精神，成为支配人们思想和行为，甚至支配人们情感和生活意义的'世俗精神'。"① 马克思说："鲍威尔先生就没有发觉，现实的世俗的犹太精神，因而宗教的犹太精神，是由现今的市民生活所不断地产生出来的，并且在货币制度中获得了高度的发展。他之所以不能发觉这一点，是因为他不再知道犹太精神是现实世界的一环，而只把它当做是他的世界即神学的一环。"②

利己主义和个人主义价值观是在市场经济确立之后，随着市场经济的发展不断扩大化的。如果在传统社会中利己主义还只是个人生活在一定情

---

① 王新生：《市民社会论》，广西人民出版社 2003 年版，第 159 页。

② 《马克思恩格斯全集》第 2 卷，人民出版社 1957 年版，第 140 页。

况下的准则的话，在现代社会中，它已经变成了整个市民生活的准则；如果说在传统社会中个人主义和利己主义是一种需要被抑制和排除的个人本能的话，在现代社会中，它已经变成了劳动和交换领域中普遍的价值，而且是中立的价值，成为指导人们日常的私人交往行为的一般规范。

（1）利己主义价值观的经济基础

市场经济彻底改变了传统经济体制下的人的依赖关系，把人变成了独立和自主的，并拥有财产权的个人。这样，个人就以财产权为标志明显地区分开来。个人关系变成了物的关系，个人也就以争取利益最大化为目的，利己主义价值观必然成为个人的一般价值观。

共同体是传统社会的基本单位。个人在传统社会中没有独立和自主的地位，更没有自己独有的财产和财产权。财产归个人所属的共同体占有，共同体是财产的所有者，共同体与财产直接联系起来，个人没有占有和支配的权利。在传统社会中，共同体之间财产关系界限分明，但是，共同体有大小之分，国家共同体是最大的共同体。所以，虽然共同体之间财产界限明确，但是，国家共同体却是最大的财产所有者，各个单位共同体的财产实质上都是整个封建王国的财产。"普天之下莫非王土，率土之滨莫非王臣"就是这种财产关系和由之决定的社会关系的最好写照。在这种财产关系的基础上，只存在共同体之间的财产关系，不存在个人之间的财产关系，当然也就不存在个人之间的私人利益关系，要是说存在私利也是共同体之间的私利。

市场经济把个人从共同体之中解放出来，个人成为社会的主体，社会之间的经济交往也就成为私人与私人之间的交往。共同体占有财产的方式变成了个人占有财产的方式，每个人都具有财产权和占有一定的私人财产，这就意味着个人与个人之间的关系是界限明确的"私人"与"私人"之间的关系。正如后来丹尼尔·贝尔所说的："现代主义精神就像一根主线，从16世纪开始贯穿了整个西方文明。它的根本含义在于：社会的基本单位不再是群体、行会、部落或城邦，它们都逐渐让位给个人。"① 马克思也看到了这种变化，马克思说："自由工业和自由贸

---

① 丹尼尔·贝尔：《资本主义文化矛盾》，生活·读书·新知三联书店1989年版，第61页。

易消除了特权的闭塞，从而也消除了各种特权的闭塞之间的斗争；相反地它们却把从特权下解放出来的、已经不和别人联系（即使是表面上的一般结合）的人放在特权的地位上（这种特权把人们和社会整体分离出来，而同时又把他们结合在一个规模很小的、特殊的团体里面），并且引起了人反对人、个人反对个人的斗争。同样整个的市民社会只是由于个人的特性而彼此分离的个人之间的相互斗争，是摆脱了特权桎梏的自发的生命力的不可遏制的普遍运动。"①

总之，在市场经济社会中的一切经济交往都以个人利益最大化为目标，为了实现私有财产的不断扩大，私人与私人之间存在着激烈的竞争。虽然在市民社会中，个人在私人的公共领域内会达成共识，为了共同的利益会彼此妥协或者共同面对国家公共权力的入侵，但是，个人主义、利己主义价值观不可否认已经成为市场经济社会中每个个人的一般价值观。

（2）利己主义价值观的中立化

利己主义价值观在传统社会或者计划经济体制下是受到抑制的价值观，如果谁坚持利己主义价值观谁就会受到社会的谴责，甚至受到迫害。即使谁都明白利己是人的本性，但也不能把本性外漏，大私为公的社会主调掩盖着内心世界。在中国漫长的传统社会里，"私利"一直是与"恶"和"小人"相联系的一个字眼，是社会主流文化所坚决排斥的。对中国人的思维方式和日常生活产生了最大影响的儒家文化更是把克服一己之私作为整个核心价值观的内核加以发扬，从孔子到"思孟"，从心学到理学无不如此。孔子说"克己复礼"，就是要克除私己，是要人们"毋意、毋必、毋固、毋我"；理学的"存天理，灭人欲"可以说是"克己"与"去私"思想发展的极致，它要将人欲彻底地拔出干净，从而达到一个澄明的无私天理；"思孟"与后来的王阳明等人强调"万物皆备于我"，表面上看似是对"我"的肯定，其实，他们强调"我"并不是要发扬个人的私我，而是要将私我改造为"皆备万物"的公我，也是要通过"克己"而达到"复礼"，通过"灭人欲"而达到"存天理"，只是路径不同而已。那么，利己主义在传统社会不能作为

---

① 《马克思恩格斯全集》第 2 卷，人民出版社 1957 年版，第 148—149 页。

价值观而得到肯定，原因就在于个人还不能不在对一个比自己更为强大的存在——共同体的依赖中才能生存。个人还没有成为拥有私人财产的独立个人。

市场经济体制的确立，使个人能够光明正大地为自己私人利益的实现和财产的保全并不断增加而奋斗。个人就是利己的私人，个人所奉行的价值观就是利己主义价值观。而且，只有市场经济能使利己主义价值观成为一般人的价值观，突破以往价值观念的束缚和排斥，并成为中立的价值观。在市场社会中，人把自我看作是根本目的，把追求财富和幸福看作是天经地义的行为和精神动力，并且把个人主义和利己主义看作是一种生活方式固定下来。这样，个人主义和利己主义就在市场社会中获得了以往传统社会不可能实现的合理性、合法性和普遍性。利己主义价值观和市场社会是相互认证的关系，市场社会形成了利己主义价值观，利己主义价值观的确立标志着市场经济社会的真正形成。利己主义价值观的中立化对于市场社会及整个人类社会的发展起着至关重要的作用。

（3）对利己主义价值观的提升——公共生活价值观

在利己主义价值观的支配下，市场社会中的人们不断地丰富着自己的私有财产，私有财产的扩大象征着个人的成功和力量的扩大，体现着个人的生活意义和价值所在。但是，当这一价值观成为支配整个社会生活的伦理时，人与人之间的关系也会随之紧张、恶化。人与人之间笼罩着物质利益关系，亲情、友情、爱情等都会在物质利益的侵蚀下而越来越淡薄，造成人与人之间的关系出现异化。人在这种异化状态下，仿佛他的本质和生活的意义在财富扩大的过程中得到了扩大，实质上却使自己的生活陷入一种瓶颈，物质财富的占有和幸福指数难成正比。克服这种瓶颈的关键是构建公共生活领域，使个人的生活空间扩展到社会的公共领域当中，是从利己主义的交往中升华出超越利己主义价值观的公共价值观。

人是以类的方式存在的，人的生活也是一种类生活。虽然市场经济使个人成为独立的个体，但是每个人都不可能脱离类而存在。人必须在人类共同体中相互依存，并超越自我。"人是生命本质，人并不把自己局限于脆弱的生命，人还有着超生命的永恒本质；人是个体存在，人也不以狭隘的个体形态为满足，人还有着超个体的无限存在形态；人以自我为中心，人并不封闭自己于孤立的自我牢笼，人同时融合了广漠的非我天地……一句话，人即是世界，世界即是人。"① "不论你是生活于天南或是海北、古代还是现代，你都是同整个人类相联的，你的本质是由他人的生命本性来规定的，你的命运是与人类的命运拴在一起的，没有人能够在类以外存在。这是我们每个人都应该牢记的。人需要相互尊重、相互爱护、相互帮助的'人道主义精神'就是出自这一类本性的自觉意识。"② 人类之间发生的战争和联合都从不同的侧面证明人不能"在类以外存在"，也不可能有任何机会和时段在"在类以外存在"。人的每一个理想都不能依靠自己单个人的力量来实现，必须借助与他人共存这种类的存在方式。因为每个人的命运都"与人类的生命拴在一起"，人的社会活动不可能离开公共视域。人的类本质决定人不可能把利己主义价值观作为唯一的价值观，这违背人的类本质。其实，当个人在追求自己的理想生活的同时也在构建整个社会的公共生活价值观。如果没有公共生活价值观的指导，个人生活将停滞不前。人对自由发展的个性诉求应与社会发展的公共性构建相一致。尽管"人们是自己的观念、思想等的生产者，但这里所说的人们是现实的、从事活动的人们，他们受自己的生产力和与之相适应的交往的一定发展——直到交往的最遥远形态——所制约"③。

　　现代市场经济条件下，利己主义成为一般人的价值观并不意味着个人不受生产力和经济交往的制约为所欲为，恰恰相反，市场经济越发达，分工越来越专业化，个人在市场经济中越渺小。在浩瀚的市场经济的海洋中，人们要超越自己的有限，开拓无限的理想生活境遇，就必须注重公共生活，以人类整体的力量超越自我，突破自己的局限。公共生活价值观是公共生活的必然要求，是对利己主义价值观的突破和提升。市民社会中的公共生活将使人类生存的意义突破利己的狭隘界限，在更广阔的空间里得以呈现。在公共生活价值观的引导下，人们将会重新思考利己之外的另一个社会理想境界，柳暗花明又

---

① 高清海：《高清海哲学文存·续编》第 2 卷，黑龙江教育出版社 2004 年版，第 49 页。
② 同上书，第 101 页。
③ 《马克思恩格斯选集》第 1 卷，人民出版社 1995 年版，第 72 页。

一村，人类的现实生活的真正意义将在对利己主义价值观的扬弃中逐渐呈现。

（二）核心价值观

（1）核心价值观的定义

社会核心价值观不同于利己主义的价值观，它来源于统治阶级和管理层的选取和择定，和政治挂钩，由政府来倡导并引领或主导整个社会的行为取向，它不代表个人而是代表着整个国家和民族精神，它不是个人日常遵守的价值观，但是却渗透在人们的生活中，规范、制约、统合、凝聚人们的价值观，引导人们向整体的生活目标奋斗，表征整个民族和国家的价值取向。

社会核心价值观有三个显著特征：一是特定利益性。统治阶级为了维护自己的统治地位，除了运用国家机器等手段采取武力统治之外，还要向民众灌输统治阶级的价值思想体系，并作为社会的核心价值观加以倡导，在意识形态上统一和凝聚民众的思想，来保证本阶级统治的稳定性。与当权政治相结合是历史上任何一个社会核心价值观的重要特征。建立核心价值观是国家治理社会的手段。不论是人治社会还是法治社会，不论是专制社会还是民主社会，历史上各个社会都有自己的核心价值观，国家倡导的价值理念也会随生产力发展水平以及管理者意识水平的进步不断发生变化。另外，核心价值观也是整个社会发展的需要。在当代市场经济社会，利己主义价值观盛行的时代，更需要建立一种核心价值观来统合个人的价值观，引导和凝聚人们向整体目标奋斗，表征整个国家的核心价值取向。二是普遍认同性。核心价值观不仅要处于支配地位，还要在民众当中得到普遍的认同。核心价值观在依靠统治阶级的统治地位加以灌输的同时，还应该得到人们从内心深处的普遍接受，这种双向互动的核心价值观才是人们的价值理想、信念的集中反映，才能内化为人们普遍的价值追求和价值向往。三是理想信念性。核心价值观具有整合一般人价值观的功能，在立足现实的基础上，能够提升和超越一般人的价值观，凝聚整个民众的价值追求，并成为整个民族的理想和信念，为整个社会的发展提供强劲的精神动力。

（2）社会核心价值观的历史生成

以中国为例，在中国历史上不同时期有着不同的核心价值观。"礼、义、廉、耻、仁、爱、忠、孝"的儒家思想、以经济利益为核心的价值理念、现代中国构建的社会主义核心价值体系，都是中国不同历史时期人们普遍认同和国家提倡并起主导作用的核心价值观。

儒家思想是中国历史上影响最为广泛和传承时间最为久远的，至今还在一定程度上潜移默化地发挥作用的核心价值理念。儒家思想是中国传统文化的内核，也是维护封建君主专制统治的理论基础。儒家思想、君主专政制度构成了中国古代政治史的两大主体内容。儒家思想成为中国封建社会的核心价值理念和其所主张的思想有利于维护封建王权的统治是息息相关的。儒家文化成为中国古代正统文化，纵观两千多年来儒家之所以能独领风骚，是因其思想内核即哲学上的天人观念、伦理上以"仁"为核心的"三纲五常"、政治上的大一统主张，在根本上都有适应封建专制统治需要的因素。儒家思想的重要社会影响在于它为封建统治阶级创造了整套治理国家和社会的理论思想体系，并被中国的统治阶级成功地应用于中国的社会国家治理实践中，获得了封建社会统治中国二千多年的人类发展社会史，这在全世界范围内的人类社会发展史上是空前的。

在新中国建立初期，实行公有制，一切为公，一切为了国家利益，早日实行共产主义是当时的核心价值观。在这样的价值观指导下，我国千疮百孔的经济和人们的生活质量明显得到恢复和改善。人们干劲十足，精神面貌积极向上，全国上下一条心，为了共产主义事业都在奉献着自己最大的力量。如果说儒家思想是中国历史上影响最久的价值观，那么，一切为了国家利益的核心价值观则是中国历史上统合力空前的价值观。在这种价值观的指导下，人们倾向公利，社会风气健康，道德良好，人们不图私利，一心为公。但是，一切为公的核心价值观的致命弱点就是忽视了人的生存需求。"义"与"利"是人生最基本的主题，国家在指引人们为目标奋斗的同时，也要不断地提高人们的生活质量，增加人们的私有财产，让人们过上富有的日子。只有"义"而没"利"的生活，是不能长久的。反之，"义"是社会存在之要求。只有"利"而没"义"的生活是没有凝聚力的生活，是没有民族精神内涵的生活。

缺乏任何一方，都不是健康的核心价值观。"义"与"利"是人生不可缺少的统一。可惜的是中国改革开放后，并没有处理好二者之间的关系，而是从这一极端走向另一极端。"以经济建设为中心"，"让一部分人先富起来"，市场经济体制的建立，虽然最大的发挥了人的能动性和积极性、创造性，提高了人们的生活水平和质量，改变了中国贫穷落后的面貌，建立了有中国特色的社会主义国家，但是，由于经验不足，与经济体制改革相适应的政治体制改革和文化建设相对落后，造成了社会核心价值理念的偏颇，以经济建设为中心的核心价值理念使"利"成为价值趋向的核心。偏颇的结果导致人们利己主义价值观的确立、社会风气一定程度的败坏以及道德滑坡。当然，这不仅是我国建立市场经济初期，也是资本主义社会的必经阶段。

现代市场经济社会个人利己主义盛行，成为一般人的价值观，我们并不反对而且承认利己主义价值中立化的存在，也承认私人生活领域公共价值观对利己主义价值观的提升。但是，单单靠私人生活领域的公共价值观来抑制利己主义价值观的弊端和危害，恐怕势单力薄。所以，国家必须建立一套核心价值体系对利己主义价值观造成的不利因素进行矫正，抑制道德滑坡、个人主义盛行、金钱至上等社会现象。面对这种社会发展普遍遇到的现象，国家必须重新审视核心价值体系的建立。新的核心价值体系应该是对利己主义一般价值观的超越，既要具有感召力，又要民心所向并符合历史发展规律，是"利"与"义"的统一，绝对不能左右摇摆。随着社会的不断进步，我国正重新审视和建立新的核心价值观。党的十六届六中全会提出建设"社会主义核心价值体系"，就是对以往核心价值观的矫正。在社会公德、共同理想、爱国主义、时代精神、执政理念、执政纲领等方面全面构建核心价值体系，体现出国家对核心价值观构建的重视。

（三）利己主义价值观与核心价值观的关系

首先，国家核心价值观占主导地位。国家核心价值观是起着主导作用和规范作用的价值观，是一个国家和社会的精神所在。核心价值观引导着人们的整体价值取向，规范着人们的行为和观念，也是保证社会稳定发展和政权稳定的精神武器。利己主义价值观必须符合整个国家和社会的主旋律，才能很好地融入社会，使自身价值在社会交往中得以确认。利己主义价值观和核心价值观冲突时，利己主义价值观必须服从核心价值观，维护国家和社会的整体利益。

其次，利己主义价值观来源于生活并指导生活，最具有直接性和现实性。利己主义价值观还因每个人对生活的体验不同而呈现多样性。利己主义价值观和核心价值观在历史上是不断发展变化的。不同利己主义价值观的碰撞可以产生出公共价值观，甚至可以提升为核心价值观。核心价值观必须反映大多数人的价值理念和价值需求，否则，核心价值观就会面临变革。核心价值观在反映大多数人价值观的同时，具有相对独立性，并引导和规范人们的利己主义价值观。

最后，核心价值观和利己主义价值观都是现实存在的相辅相成的价值观。利己主义价值观规范着个人生活，核心价值观规范着整体社会生活。人在实现个人利益的同时，需要一种更高层次的精神理想来指导，以实现自我的社会价值。同时，核心价值观还能够升华民族精神和铸造民族灵魂。两种价值观的相辅相成，有利于社会稳定、健康、和谐发展。

第四章

市民社会与国家二分架构发展趋势

市民社会与国家二分架构的历史进步性得到了黑格尔和马克思等哲学家的普遍认可。他们认为，相对于传统社会国家和社会一体化来说这是个巨大的历史进步，人类社会发展必然经历国家与市民社会二元化这一阶段，而且通过这一阶段创造出向更高社会发展所需要的条件。而且，黑格尔和马克思在分析国家与市民社会二分架构的同时，也在思考着二者的未来统一性问题。他们都对市民社会和国家关系的发展趋势进行了论证。黑格尔认为国家将超越市民社会，市民社会将统一于国家。马克思认为当社会发展到自由人联合体阶段，国家将回归并统一于社会。本章结合对国家与市民社会现实关系的分析，认为市民社会和国家必然在马克思所提出的自由人联合体阶段实现统一。

一 黑格尔的"国家"对"市民社会"的超越

虽然黑格尔是提出现代市民社会概念的第一人，但是，黑格尔关于国家和市民社会的定义不同于现代二分架构下对国家和社会所下的定义，那么，黑格尔对国家和市民社会关系的理解也就与二分架构下二者关系的理解有着本质区别。所以，想要真实触及黑格尔所理解的"市民社会"和"国家"二者的关系，就必须回到"黑格尔式的"理论框架之内。

众所周知，黑格尔把他的哲学划分为逻辑学、自然哲学、精神哲学三个组成部分。精神哲学又划分为主观精神、客观精神、绝对精神三大部分。法哲学就是对客观精神的发展、发挥和补充。在他的体系中，客观精神即法哲学又被分为法、道德、伦理三个环节，而伦理的展开也包含了家庭、市民社会、国家三个阶段。在对法哲学的整个论述中，黑格尔并不是从个人生活与公共生活的视角来定义市民社会和国家的，而是把"市民社会"和"国家"看作是"伦理"范围内的两个逻辑环节或发展阶段。因此，要深刻把握黑格尔所理解的"国家"和"市民社会"的关系，就必须把这两个概念置入黑格尔的"伦理"背景中加以思考。在前面我们论述了个人生活的发展历程，指出现代市民社会是个人生活领域的概括，现代市民社会包括家庭、市场经济体系、私人生活当中的公共领域，与国家公共生活相对立。但是，"在黑格尔法哲学中，扬弃了的私人权利等于道德，扬弃了的道德等于家庭，扬弃了的家庭等于市民社会，扬弃了的市民社会等于国家，扬弃了的国家等于世界史"[①]。可见，黑格尔把"家庭""市民社会"和"国家"看作是人类社会结合的三种形式，是"伦理"发展的三个阶段。所以，市民社会和国家的关系体现在国家对市民社会的扬弃和超越。这种扬弃和超越动力来源于每个阶段的社会结合体当中所贯穿的特殊性和普遍性矛盾关系的变化。特殊性与普遍性关系贯穿在这三个社会结合体当中，在每个结合体当中特殊性与普遍性关系表现出不同的形式。而且，符合"家庭""市民社会""国家"扬弃的关系，特殊性与普遍性关系在三种社会结合体中体现的三种形式之间也是扬弃的关系。所以，·在黑格尔"伦理"的大框架内，"市民社会"和"国家"并不简单的是现代市民社会和国家二分架构下的二者对立关系。

　　黑格尔认为，家庭是直接的或自然的伦理精神，是以婚姻为基础的血缘共同体，它体现了原始的"爱的精神"。黑格尔指出"所谓精神的直接实体性的家庭，以爱为其规定，而爱是精神对自身统一的感觉。因此，在家庭中，人们的情绪就是意识到自己是在这种统一中，即在自在自为地存在的实质中的个体性，从而使自己在其中不是一个独立的人，而成为一个成员"[②]。这里，黑格尔的意思是，家庭是一个整体，个人作为家庭中的成员，与家庭捆绑在一起，成为统一的实体性整体。在这

---

① 《马克思恩格斯全集》第 42 卷，人民出版社 1979 年版，第 172 页。
② 黑格尔：《法哲学原理》，商务印书馆 1961 年版，第 175 页。

个整体中，家庭成员没有意识到自己与其他成员的不同之处，没有意识到他们是建立在差别基础上的同一，不同成员之间的特殊性没有区别开来。在他们的观念中"家庭"逻辑先于个人的，个人是一个"家庭"式的存在，而不是一个作为不同于"家庭"的个人存在的，家庭也不会承认每个成员的独特性及其自身的独立自由。黑格尔认为家庭这一伦理实体，作为一个整体所遵循的是"同一性的原则"，所以，在家庭中只有普遍性，没有特殊性。

与家庭中的具体普遍性不同，黑格尔认为，"市民社会"带来的是一种抽象的和形式上的普遍性，之所以是抽象的和形式上的，是因为这种普遍性是对彼此互不相干、彼此互相独立的个别事物的外在的联结。外在联结不同于内在联结，个体事物之间是由简单相加而得的"相对的同一"，只是根据事物的共同点所做的形式上的归属，而且这种外在的联结对于特殊性个体来说往往具有强迫性，而不是融合为一体的现实内在统一。在"市民社会"中，抽象的和形式上的普遍性表现为："市民社会"中掌管着个人经济生活动向的经济规律；为了各自需求的实现，有着明确分工的人们互相联接而形成的经济联系之网；对个人私有财产权的普遍肯定及保护这种权利的法令，还有其他一些公共权力，如警察、法院等；在以原子式的个人为主体的民主国家中产生的多数人的意愿；建立在原子式个人的私有福利基础上的全民或公共福利；等等。而相对于抽象或形式普遍性的具体普遍性，即内在包含独立性、特殊性且与这些特性相互交织在一起的普遍性，只在那些相对狭小、局部的"同业公会"中才有存在的空间，只在这些片段地域才获得其现实性。

"抽象的普遍性"和"特殊性"在黑格尔所理解的"市民社会"中处于对立状态。因为，"市民社会"是各种私利交汇的战场，每个特殊个体为了在战场中谋求最大数量的战利品，都成了一个可以完全不择手段、任意、"自由"的追求自我私利的特殊性。在这样的社会中，由原子式个人简单相加而来的外在抽象的普遍性，不过是个人为实现私利而加以利用的一种表面"合法性"工具而已，在这种"合法性"工具的背后隐藏的是原子式个人的私利欲望。普遍性对原子式个人来说不过是外在于自己的普遍性，他根本没有认识到普遍性与自身的内在关联性，也就是说，个人与社会整体形式上看似统一，实质上处于分裂状态。普遍性与特殊性在"市民社会"这种"相对整体"中所呈现的两极分化和对立状态，是伦理理念发展过程中的一个阶段，伦理理念最终目的就是扬弃这种对立，达到普遍性和特殊性的完美统一。

在黑格尔眼中，"国家"与"市民社会"不同，"国家"是伦理理念发展的最高阶段，在这个阶段，普遍性同特殊性的自由、私人福利达到内在结合和统一，"市民社会"中那种抽象的、形式上的普遍性与特殊性之间的外在联结将被超越，普遍性和特殊性的僵硬对立将被消除和克服，普遍性和特殊性的关系在经历了家庭、"市民社会"中所呈现的不同形态之后，独立的个人的特殊性最终在"国家"中回复到实体性的内在统一。

国家把自己"分为家庭和市民社会，即分为自己的有限性的两个领域，目的是要超出这两个领域的理想性而成为自为的无限的现实精神"①。市民社会中，特殊性与普遍性二者是相互对立、分崩离析的，二者在形式的外在同一中貌合神离，然而在国家中，特殊与普遍、个人与社会处于一种有机统一状态中，二者一体化。所以，把市民社会和国家放在特殊性和普遍性的关系中进行思考，会发现，相对于特殊性的市民社会，它的下一个阶段是国家，它将向国家过渡，一旦过渡到国家，它将获得它存在的整个或完全意义，这也就是说，市民社会只有"被提升到普遍性"的国家，才能真正实现自身。那么，相对于普遍性的国家，它自身内又包含着作为特殊性的市民社会，作为伦理观念的最高阶段，国家是由对市民社会的扬弃而来的，所谓扬弃就不是简单的抛弃、丢掉，而是说国家是对市民社会的内在性超越，即在将其内在合理性因素呈现出来的同时，将其自身的不合理性克服，也就是说国家不是丢掉了市民社会本身的特殊性，而是克服了市民社会那不合时宜的特殊利益（与普遍利益分离的特殊利益）。国家本身就是普遍利益的代言，但这种普遍利益却不是抛弃了特殊利益的普遍利益，而是与特殊利益统一在一起的普遍利益，其中的关键是内在的非形式的统一。

故而，黑格尔理解的"国家"和"市民社会"的关系就与现代二分架构模式下所理解的国家和市民社会的关系不同。作为实现伦理理念

---

① 黑格尔：《法哲学原理》，商务印书馆 1982 年版，第 263 页。

的国家，它代表的是真正的伦理精神，伦理是其内在的原则，普遍利益是其最终目的，它在突破原子式个人私有利益的狭隘性时，也超越了作为原子式个人简单相加集合体的市民社会，在实现普遍性与特殊性的内在统一中，也解决了市民社会中家庭与社会、特殊性与普遍性之间无法克服的重重困境，国家在实现伦理理念的同时，也就达到了柏拉图所言的"至善"境地。另外，黑格尔所说的"市民社会"也不能仅仅作为社会来理解，黑格尔在《法哲学原理》中就有所论述，他认为"市民社会"为"外在的国家"。因此，我们就不能仅仅把"市民社会"做单一、孤立的理解，而是要把它放在与国家一体的框架内进行理解和把握。"市民社会"是兼容了社会和现代意义国家的某些特征与内容的统一体，其中包括"需要的体系"及属于国家范围的司法（法律和法院）、"警察和同业行会"。例如，黑格尔在对美国的论述中，虽然指出美国是一种民主共和制度，这种制度是共和政体的楷模，它拥有自由、民主、良好的公民秩序，拥有行政机构，拥有元首即总统，拥有法典，全部联邦联合在一起构成团体，但是，尽管包括了各种属于国家的因素，可黑格尔指出其是"市民社会"而不是伦理发展到最高阶段的普遍性的国家。因为黑格尔认为，"这一种团体的生存基础既然建筑在使人与人结合的各种需要上、安宁上，公民权利、安全和自由上，以及各个人如同原子构成物的集体生活上，所以国家仅仅是某种外在的东西，专事保护人民的财产"①。所以，黑格尔的"市民社会"是"外在的国家"的这种称法既是不能对现实国家实体性存在的无视，又是与"国家"的区分。

那么，"市民社会"是如何过渡到"国家"的呢？在黑格尔眼中，"市民社会"是一个不够充分和完善的人类社会组合形式，其中充满了原子式的个人之间及这种个人与外在的整体之间的冲突和矛盾。整个社会就建立在这样一种动荡和不稳定性之上，人的群体性、社会性不过是一种形式上的外在象征，自由不过是一种抽象、形式的口号而已。这就是黑格尔政治哲学视角所面对和解决的问题，即如何克服这种抽象、外在、形式化的"市民社会"，而真正达到现实的"国家"，也就是说用

---

① 黑格尔：《历史哲学》，商务印书馆1963年版，第129页。

"国家"这种完善的社会结合形式去取代还处于"外在国家"阶段的"市民社会"。他在法哲学的论述中就指出，"市民社会"不过是一个环节，一个向"国家"这个理念过渡的环节，这一阶段本身不是理念的实现，而要真正实现"国家"理念，就必须扬弃"市民社会"。在这个关键的扬弃关节上，起到至关重要作用的就是"教育"，"教育"实现的是个体对普遍性的认识、个体向普遍性的过渡。在"市民社会"中，个人受教于整个社会生活，而不只是来源于某个个体或书本的狭隘性教育，在现实的社会生活中，个人认识到他的存在受制于社会整体的存在，这个普遍性是个人要实现自由所必然要面对的客观性存在，他必须认识它、接受它、顺从于它，才能真正实现自身的自由。这样个人就意识到，他的存在不只是一种单一的、原子式的个体，而是与普遍的社会整体一体化的存在。这是"市民社会"存在的积极意义，它内在的这种"教育"功能，使个人自觉地意识到自身的存在与社会存在的一体性和统一性，个人要真正地实现自身的自由，就要遵从普遍性的客观规律，也就是说在肯定国家的权威性同时要服从法律，当以自我利益为中心的市民精神被"国家精神"所替代的时候，"市民"就蜕变为"公民"，相应，人类社会的结合形式就进入到真正、现实的"国家"阶段。

综上所述，可以看出，黑格尔所理解的"市民社会"和"国家"之间有一种辩证发展的关系，他在肯定"国家"的完善性和现实性的同时，不是简单、机械地否定或抛弃"市民社会"，而是认为"市民社会"将经过扬弃而过渡到"国家"。这也就是说，"市民社会"是"国家"的前一阶段，"市民社会"中存在的各种矛盾和冲突正是"国家"要实现自身所必经的"否定性"之路，"国家"是"市民社会"的最终归宿。

二　马克思的市民社会决定国家

洛克通过对自然状态的假定和运用社会契约论这一手段，得出了社会前于国家的结论，并影射出了社会和国家二分思想，为二分架构的确立提供了思想准备。

　　然而，这一思想得到了黑格尔的批判，其批判的理由就是将国家理解为契约的产物必然导致国家的偶然性存在。国家的偶然性存在否定了国家的独立存在，国家不是真正的"政治国家"，是伪造的国家，国家没有独立的生命，国家还属于市民社会的范畴，也就无法把国家与社会区别开来。黑格尔对洛克的批判的切入点在于二者对"市民社会"和"国家"的理解的不同。黑格尔的"国家"是另一种类型的人类社会结合体，代表着最兴盛、最完满和壮观的伦理生活，"国家"成了"善"的化身，而这完全不同于洛克所理解的"国家"。洛克的"国家"在黑格尔看来不过是"市民社会"而已。在黑格尔所理解的伦理框架内，市民社会和国家都是绝对理念自身运动的不同环节而已，都是理念本身的一种表现或产物。但是，在黑格尔那里，市民社会和国家之间又是不同的，不同的关键之处在于理念本身的实现程度不同或展现程度不同，国家是伦理理念的最高阶段，它达到的是普遍性，而市民社会不过是发展到最高阶段的一个过渡阶段，它属于特殊性阶段，这一阶段是普遍性受到制约的阶段。在黑格尔的哲学中，绝对理念是一个绝对完满又充满辩证性的理念，它证明自身存在的完满性，绝对性的路径是对不完满、相对的存在者进行扬弃，这种扬弃不是简单的否定而是否定性的超越。由此，得出"家庭""市民社会"不过是黑格尔绝对理念所要扬弃和超越的一个不完满的、相对的环节，这些环节的存在不过是理念要证明自身存在的过渡阶段，而"国家"则是扬弃了相对、外在环节的理念自身的一种实现。这样黑格尔就从其辩证的绝对理念出发，得出国家在逻辑上是高于市民社会的，由此带来一种国家高于市民社会的历史观。

　　马克思上承黑格尔市民社会和国家区分的二分架构模式，但二分架构中的国家和市民社会的含义却不同。马克思纠正了黑格尔的"市民社会"和"国家"的历史错位，把市民社会和国家放在现实性根基上进行思考，使二者对立具有了历史意义和现实必然性。并且，马克思把二者理解为统一共同体中的对立，把国家理解为现实的国家，他认为黑格尔的理性国家并不存在，更何谈理性国家和现实国家的冲突。马克思指出黑格尔所言的理性的国家或作为理念最高阶段的普遍性的国家不过是一种空具辩证逻辑的抽象概念，但是，黑格尔提出理性国家的指向性意义所指被马克思继承和扬弃了，与理性国家相对应的概念是自由人联合体。

马克思把人类社会生活大体上划分为两个领域，一个是"天国的生活"即政治生活领域，一个是"尘世的生活"即市民社会生活领域。这两种生活是以社会和国家二元化，彼此都获得相对独立性为前提的，也就是马克思所说的政治国家要真正发达，市民社会中的人要作为私人进行活动，并把自己和别人都同时沦为工具。人既作为社会存在物参与公共生活，又作为私人进行生产劳动。尽管马克思指出在政治生活领域中，"人把自己看作社会存在物"，但他更为深刻地揭示了人类生活的现实基础却是在于市民社会，因为其中包含着人类的物质交往关系。马克思哲学的出发点是现实生存的人，这个现实生存的人的最本质的特点是"从事物质生产活动"，由此出发，人类社会生活本质上就是由"从事物质生产活动"的人在物质生产活动中书写出来的，物质生产活动就是人类社会发展的根本性动力。这样，马克思就认为以物质生产活动为具体内容的市民社会在二元架构下永远是一切国家的基础，也是一切法律、统治意识等观念上层建筑的基础。

在对黑格尔市民社会与国家关系的批判中，马克思认为，市民社会和国家二分架构形成的原动力在市民社会本身，而不是黑格尔所说的国家本身。政治国家是人类社会发展到一定阶段必然的产物，没有人类社会由家庭发展到社会整个过程的基础就不会产生国家，国家不是跨越现实生活的理念的产物。马克思和恩格斯对市民社会决定国家的观点非常明确和坚定不移，对黑格尔的批判的基础是唯物史观，是社会生活中的现实关系，深刻地揭示了政治国家和一切观念的发源地。

马克思通过分析资产阶级革命，对市民社会与国家之间由"统一"走向"分裂"的关系进行了梳理和呈现。众多理论家普遍的共识即都承认在传统社会市民社会和国家是同一的，当然，历史也这样呈现的。生活中的个人要素如财产等都通过领主权、同业公会等形式上升为所谓的"大私"即"公"的国家生活要素。传统社会是市民社会与国家的"统一"阶段，这种"统一"中市民社会不具有自身的独立性，只是国家的附属性存在，或者可以说这是二者的"同一"阶段，即市民社会同一化到国家中。当历史发展到资本主义社会，资产阶级通过政治革命这种手段，以武力结束了封建专制统治。把专制权力变成国家的公共权力；把君主之私转变成国家的普遍事务；把封建等级制度转变成民主制度，传统社会中的政治等级转变成了社会差别，社会差别是一种摆脱政治性质的纯粹的私人性质的差别；把公会等转变成私人生活中的公共领域。社会与国家从领域合一走向领域分离，社会脱离了政治属性，成为与国家抗衡和制约国家的具有独立性的市民社会。资产阶级政治革命实现了国家和市民社会的二分架构。这时的市民社会具有自身的独立性，不再被国家同化，市民社会"抛弃了共同体的一切外观并消除了国家对财产发展的任何影响"①。"国家获得了和市民社会并列的并且在市民社会之外的独立存在。"② 这是市民社会与国家的二元架构形成的阶段。

马克思认为，这种市民社会与国家的"分裂"具有一定的进步性和局限性。在政治层面上，人民拥有了"公民权"，并且在法律上受到保障，各种制度、法令的出现，克服了以往传统社会的弊端和缺陷，体现了时代的进步性；在经济层面，马克思、恩格斯在《共产党宣言》中说："资产阶级在它的不到一百年的阶级统治中所创造的生产力，比过去一切世代创造的全部生产力还要多，还要大。"③

尽管肯定了积极作用，但马克思更为关注的却是这种革命本身的局限性和狭隘性。这种"解放了"的市民社会，是纯粹的私人活动领地，其间的个人是独立的、自主的，这在一定意义上体现了进步，但他们更是排他的、自私的，利己主义和个人主义是他们的价值取向，这就是局限性。市民社会中所宣称的人权是以谋求个人利益最大化为前提的，人权的前提条件反过来也决定了在市民社会中的人是利己的人，是与人的真正本质相背离的人。在市民社会中，自由不过是原子式个人对自我任意的一种陶醉，它的基础是对个人私有财产的肯定，也就是说没有财产，自由为空。或者说，人们只有不断地为自我私利开拓市场和空间才会拥有更多的"自由"。可见，在市民社会中，人权和自由的前提条件都是利己，都没有超越局限性。所以，"政治解放本身还不是人类解

---

①　《马克思恩格斯全集》第 3 卷，人民出版社 1956 年版，第 70 页。
②　同上。
③　《马克思恩格斯选集》第 1 卷，人民出版社 1956 年版，第 256 页。

放"①，真正的人类解放是对政治革命和市民社会的超越。

国家是公共活动领域，这一领域的特征是虚幻性，"普遍的东西一般来说是一种虚幻的共同体的形式"②。由于国家总是以一种抽象的共同利益的形式出现，因此，就其实质来说不过是一种虚幻的共同体。恩格斯也曾谈到国家的虚幻本质，并指出它不过是人类共同体发展的一个历史阶段，必然被新的符合人类需要的真正的共同体形式所代替。他说："当无产阶级还需要国家的时候，它需要国家不是为了自由，而是为了镇压自己的敌人，一到有可能谈自由的时候，国家本身就不存在了。因此，我们建议把'国家'一词全部改成'共同体'。"③ 由此，马克思提出自由人联合体的概念。

三　当代资本主义市民社会与国家关系

（一）福利国家的建立及其危机

自由竞争的结果必然造成垄断，垄断的结果主要集中在两个方面：一方面，财富越来越集中在少数大公司和大财团手中。雄厚的经济实力把自由竞争的市场经济变成了大公司和大财团的天下。这样一来，经济领域就出现了超级公司和跨国公司，这些公司不仅控制本国经济的命脉，而且在世界上也拥有举足轻重的地位。另一方面，众多小私有者已经失去了和大公司、大财团相抗衡的能力和空间，摆在小私有者面前的或者是被吞并或者是倒闭，而且还会沦为工人。经济的自由竞争和国家的"守夜人"角色已经变成纯粹的神话，以两极对抗为基本结构的个人生活领域（市民社会）已经失去了自我调节能力。经济上的弱者已经意识到"平等交换"和"自由竞争"的虚幻，再也不能指望通过自由市场和社会方式来改善自己的处境，迫切需要一个强有力的国家权力对市场和社会进行积极干预。这样，在经济领域失落的大多数人就转移

---

① 马克思：《论犹太人问题》，载于《马克思恩格斯全集》第1卷，1956年版，第435页。

② 《马克思恩格斯选集》第1卷，人民出版社1995年版，第70页。

③ 《马克思恩格斯选集》第3卷，人民出版社1995年版，第324页。

了战场，谋求在政治领域中阐述自己的心声，并想通过政治干预来挽救自己的经济权利。哈贝马斯就指出："一方面，在商品流通的私人领域中，权力集中了起来；另一方面，作为国家机构的公共领域承诺对每一个公众开放。这两个方面促使经济弱者通过政治手段与占有市场的经济强者相抗衡。"① 这样，"经济领域权力的集中所带来的国家对经济领域的干预，消解了经济劳动领域的自律，使得经济利益的冲突无法在经济的领域和层面上加以解决，而把这种经济利益的冲突引入了政治领域之中"②。

一旦市民社会中私人利益的冲突需要国家出面才能调节，而且调节私人利益的冲突这一事务成为国家行政机关工作的重心，市民社会也就蜕变到了黑格尔所理解的"市民社会"，国家机关将成为市民社会的一部分。或者，如哈贝马斯所说的国家与社会关系将出现混乱，国家将社会化与社会将国家化。"利益冲突无法继续在私人领域内部得以解决，于是，冲突向政治层面转移，干预主义便由此产生。长此以往，国家干预社会领域，与此相应，公共权限也向私人组织转移。公共权威覆盖到私人领域之上，与此同时，国家权力为社会权力所取代。社会的国家化与国家的社会化是同步进行的，正是这一辩证关系逐渐破坏了资产阶级公共领域的基础，亦即国家和社会的分离。从两者之间，同时也从两者内部，产生出一个重新政治化的社会领域，这一领域摆脱了'公'和'私'的区别。"③ 由于国家对市民社会经济领域的干预加强，本属于私人领域的经济交往活动则成为公共事务的内容被公共化了，国家进入私人生活成为调节私人利益的工具被私人化了，所以，二者都难保自身的独立界限互相交织在一起。"公共领域的消失是因为它成了私人领域的一种功能，而私人领域的消失则因为它成了唯一共同关注的对象。"④

国家社会化和社会国家化的主要原因是资本主义社会发展到垄断资本主义阶段采取福利国家这种统治形式的结果。资产阶级社会改良主义

---

① 哈贝马斯：《公共领域的结构转型》，曹卫东等译，学林出版社 1999 年版，第 173 页。
② 余世喜：《从私人领域与公共权力领域的关系看资产阶级公共领域的变迁》，《马克思主义与现实》2007 年第 2 期。
③ 哈贝马斯：《公共领域的结构转型》，曹卫东等译，学林出版社 1999 年版，第 171 页。
④ 汉娜·阿伦特：《人的条件》，竺乾威等译，上海人民出版社 1999 年版，第 19 页。

思想和凯恩斯主义是福利国家的理论渊源。其出发点都是主张在不触及资产阶级根本利益的前提下，通过政府立法，采用征收累进税、举办社会保障等国民收入再分配政策来进行社会改良、消除贫困、调和阶级矛盾，实现社会稳定。可见，福利国家的本质在于由政府发挥国家职能，介入市场经济，通过提供强制性、集体性和没有差别的福利来满足每一个公民最基本的生活需求，从而创造了一个"国家主义"的神话。20世纪40—50年代是西方资本主义国家福利制度的高速发展期，特别是在第二次世界大战以后，社会保险的覆盖范围不断扩大，待遇水平普遍提高，公共福利开支随之大幅上升。20世纪60—70年代是西方福利国家的成熟期。20世纪60年代的民权运动为少数民族、妇女、残疾人士、贫困家庭等弱势群体争取了很多社会权益，加之持续的经济发展，为政府进一步增强社会福利的角色创造了社会和经济条件。然而，好景不长，20世纪70年代中期以后，西方福利国家受到了来自经济和政治等多方面的挑战，进入了所谓的"衰退期"。作为战后阶级妥协的产物，福利国家曾一度作为资本主义社会矛盾的政治解决方式而广受称誉。它对劳资、整个社会与社会的非主流群体之间等各种利益集团间的矛盾，进行了综合平衡，从而为经济的平稳发展和复兴打下良好的政治基础，使西方发达资本主义国家迎来了一个经济发展的"黄金期"。同时，对各种福利政策的大力推行，最大限度地争取到了那些受惠于这些政策的广大选民，使西方民主政体的合法性更加凸显出来。但是，20世纪70年代世界石油危机爆发，使刚为脱离"看不见的手"的威胁而庆幸的那些推行福利政策的国家，重新面临崩盘的危险。学者们指出，那些通过国家调控推行福利政策把"看不见的手"所带来的危机加以表面化缓解的政府，已经走到了崩裂的边缘。约翰·基恩指出："福利国家在政治上的胜利已经演变成肯定的失败。福利国家所引起的问题和意想不到的后果，已经超出了它现在通过官僚主义管理手段所能解决的范围。"① 哈贝马斯在《合法性危机》一书中也明确指出，晚期资本主义国家由于过多地介入经济生活，承担起取代市场和补充市场的职能，

---

① 约翰·基恩：《公共生活与晚期资本主义》，马音译，社会科学文献出版社1996年版，第6页。

这最终导致当代资本主义社会这种官僚福利体制陷入一种新的合法性危机。

（二）新自由主义经济思潮

当福利国家面临危机的时候，被认为是古典经济自由主义回归的新自由主义开始登上历史舞台，它坚持 17 世纪保护商业资本的重商主义的自由放任原则，它反对凯恩斯主义，即反对国家对经济、市场的干预。尽管是对古典经济自由主义的坚持，但它与古典经济自由主义相比，又有许多不同的观点和理念。

关于新自由主义的定义有多种看法。美国学者罗伯特·W. 迈克杰斯尼认为："新自由主义是我们这个时代明确的政治、经济范式——它指挥的是这样一些政策与过程：相当一批私有业者能够得以控制尽可能广的社会层面，从而获得最大的个人利益。""在美国，新自由主义以自由市场政策为主要特征，鼓励私有企业和消费者选择，鼓励个人风险和创业，削弱无能的、官僚的、寄生的、即便想有所作为也鲜有作为的政府这只死手的控制力量。"[1] 另有一位美国学者则指出："新自由主义作为一种意识形态建立在古典自由主义宗旨基础上，它包括：自由的市场、个人主义、追求狭隘的私利，并且认为这些将导致社会公益。"[2] 中国社会科学院"新自由主义研究"课题组这样定义新自由主义："新自由主义是在继承资产阶级古典自由主义经济理论的基础上，以反对和抵制凯恩斯主义为主要特征，适应国家垄断资本主义向国际垄断资本主义转变要求的理论思潮、思想体系和政策主张。新自由主义与古典自由主义经济理论既有联系又有区别，并且通过对凯恩斯革命的反革命而著称于世；'华盛顿共识'的形成与推行，则是新自由主义从学术理论嬗变为国际垄断资本主义的经济范式和政治性纲领的主要标志。"[3] 通过这些解释，可以得出大体的认识，即新自由主义是对古典经济自由主义

---

① 诺姆·乔治斯基：《新自由主义和全球秩序·导言》，江苏人民出版社 2000 年版，第1—2 页。

② 转引自《理论经济学》2003 年第 2 期。

③ 中国社会科学院"新自由主义研究"课题组：《新自由主义研究》，《马克思主义研究》2003 年第 6 期。

的一种当代延续。

当"看不见的手"将推行自由主义政策的国家推向经济危机循环圈的时候，一些以国家参与控制推行福利政策的政府开始出现，他们以改善人民生活水平、消除两极分化、抑制周期性经济危机的爆发、推动社会经济平稳发展为目的。这些福利国家，在由"看不见的手"所导致的经济危机大爆发的年代起到了显著的效果，在相当一段时间给面临危机的国家带来了巨大的希望。但是，随着政策的全面推行和广泛深入，其弊端开始暴露，为了维持消耗巨大的社会保障体系的正常运转，长期的财政赤字已经成为国家无法解决的问题，经济发展也被拖入到停滞的境地，在一定意义上讲，这已经打破了构建一个健全社会保障体系福利国家的幻想。新自由主义由此对其展开激烈的批判，实质上对这种福利国家思想的批判，从它产生之日起就已经发生。最早对福利国家进行批判的新自由主义代表人物是哈耶克，他指出，福利国家在"左转"中对经济的自主运行伸出了"无用之手"，这带来的结果将不是把国家带入一个良性的经济运行轨道，而是使国家拥有无限的权力，公民的自由和人权将遭到侵害，这是一条"通往奴役之路"。诺齐克在更为激烈的角度对这种福利制度进行批判，对国家推行的干预再分配的手段和政策加以抨击，倡导一种"最弱意义上的国家"。作为一个自由主义经济学家，弗里德曼从货币理论的角度出发，对国家的一切经济干预予以批判和排斥，主张推行一种放任自由的市场经济模式。

新自由主义是一个体系，其中包括众多学派和理论体系。主要有以哈耶克为代表的伦敦学派、弗里德曼为代表的货币学派、卢卡斯为代表的理性预期学派、布坎南为代表的公共选择学派和以拉弗、费尔德斯坦为代表的供给学派等，而其中影响最大的当属伦敦学派、现代货币学派和理性预期学派。从内容上看，每个新自由主义学派都有其独立的理论、方法和政策，但他们之间却有着一些基本的相近特征。第一，在经济理论方面，他们都主张自由化、私有化、市场化，在他们的理论中，只有基于自由的市场交换，公民的自由、平等才能得以真正实现，政府和权力机构不过是实现人权的工具而已。第二，在政治理论方面，否定公有制、否定社会主义、否定国家干预，市民社会的存在和发展是政府、政治存在的意义和根本所在，政府、政治只有以保护和确保市民社会存在和发展为目的，才是自身的真正实现，在社会政治生活中，市民社会制约国家权力。第三，在战略和政策方面，新自由主义极力主张全球一体化，这种一体化以资本的扩张为基础，以超级大国为主导，涵盖着经济、政治、文化等各个方面。但新自由主义从理论平台走向社会政策实施时，它不仅改变了在福利国家中维系起来的经济和民主平衡，也改变了国家和市民社会之间的关系。它在给资本主义国家的经济发展带来一定影响的同时，它的弊端和负面作用也凸显出来，贫富差距的扩大、不平等现象的层出不穷使暴力行为不断出现，在利益原则的主导下公众领域的维系原则日益商品化，政治成为一种边缘化的存在。

（三）第三条道路

"第三条道路"试图超越左翼民主主义和右翼新自由主义，奉行的是一种介乎两者之间的第三条道路。在吉登斯的"第三条道路"的理论框架中，基本主张包括以下几点：

第一，"新的混合经济"。"第三条道路"力图在国家干预和市场作用之间获得一种新的平衡，超越"把国家当敌人"的右派和"认国家为答案"的左派。指出"21世纪不会是公有制和私有制之间相互拼杀的世纪"①。主张创建一种能够在管制和放松管制之间、在社会生活的经济领域和非经济领域之间达成平衡关系的新混合经济，不同于国有和私有之间取得平衡的混合经济。

第二，改革福利国家，变"消极的福利制度为积极的福利制度"。"第三条道路"没有放弃社会民主主义重视福利国家的传统，但是认识到了"从摇篮到坟墓"的福利国家政策的缺陷。为此，他们认为，国家和市民社会应当合作，共同参与和推进社会福利，政府和其他机构（包括企业）一起提供福利开支，进而确立一个积极的福利制度国家。这其中，人们要改变对社会福利系统的普遍性依赖，面对社会发生的各种变化，要不断地提高自身的就业能力，改变以往只享受权利而不承担责任和义务的观念。"社会民主主义者必须改变福利国家所蕴涵的风险

---

① 布莱尔：《新英国：我对一个年轻国家的展望》，世界知识出版社1998年版，第68页。

与安全之间的关系，以形成这样一个社会：在政府、企业和劳动力市场中的人是‘负责任的风险承担者’。"①

第三，重视市民社会的地位。"第三条道路"摈弃了社会民主主义和新自由主义关于国家和市民社会"彼此消长"的对立关系的共通观点。他们主张，一个社会应该存在和保留一个公共领域，这个公共领域是完全公开的，人们可以在这个领域当中对政府所采取的各种政策问题进行无限制的讨论。但是，必须注意的是，市民社会本身不会创造和带来持续稳定和谐的社会秩序，面对社会存在的各种矛盾和冲突，国家和政府必须相应地做出反应并采取措施应对。综合起来，第三条道路理论中保留了新自由主义中关于市民社会的主张，同时传统左派对国家的重视也在此中得以保留。

（四）当代国家的新角色

黑格尔和马克思都看到了市民社会富者越富、贫者越贫以及由此产生的阶级对抗这一事实，主张加以克服。但是，两者克服市民社会缺陷的路径不同。黑格尔主张逻辑的超越，用至善的国家超越缺陷的市民社会，马克思主张把市民社会和国家理解为同一共同体中的对立，把国家理解为现实的国家，在指出市民社会的缺陷的同时，认为国家也具有虚幻性，最后提出人类解放的概念。

我们不能否定马克思对人类未来的指向性认定。但是，黑格尔和马克思对市民社会和国家的界分，却从此掀开了现实生活中市民社会和国家关系的序幕。国家和社会之间关系的复杂性，在各种理论和体系中都得到了现实的呈现，诸如，国家决定社会、社会决定国家、古典经济自由主义、福利国家、新自由主义、左翼批判理论、第三条道路等理论。令人遗憾的是多种理论及其实践都没有很好地解决市民社会和国家的关系问题，不是左，就是右，即使是第三条道路理论也没最终给出一个很好的答案。自由、民主、公正、平等的观念对市民社会和国家关系的解决也起着评价作用，但是，这些观念的变化也使二者关系的解决难上

---

① 安东尼·吉登斯：《第三条道路——社会民主主义的复兴》，北京大学出版社 2000 年版，第 104 页。

加难。

亚当·斯密的那只"看不见的手"一直是古典经济自由主义奉行的圭臬，国家在其中的角色是"守夜人"，它的责任和职责仅仅是维护国家的内外秩序，为人们的生活提供纯粹的公共物品。奉行这种自由主义的结果是社会的贫富差距不断扩大，社会内部的阶级矛盾不断激化，各种冲突加剧，在自由主义的"教育"中，无产阶级已经不仅仅满足于基本生活上的需要，而是追求自身的民主权利和平等的经济地位。在"看不见的手"的原则支配下，市民社会和国家之间是一种简单的对立关系，国家不过是自由运行的市民社会的"守夜人"，但随着经济危机的爆发，在"看不见的手"的拨弄下，整个社会和国家运行到崩溃的边缘，这时国家就不再仅仅是一个"守夜人"的角色，而必须担负起引领整个社会和国家走出危机的重任。

奉行"凯恩斯主义"的美国罗斯福新政，就是在这种时刻应急而出的，新政发挥国家的宏观经济调控策略应对各种社会经济危机，开始谱写资本主义社会国家引领社会经济前行的历史。各种社会保障制度、经济调节部门广泛的建立，"国家主义"的神话诞生了。福利国家的确立，实现了国家由"守夜人"到广泛实行积极干预政策的角色的转变。国家出面对分配、福利与政治待遇进行改革，劳资冲突、社会贫困等问题不能完全依赖市场的"自发"调节，国家必须以最终责任者的角色来出面组织社会福利的供给，并应该对经济发展负责，对社会稳定负责，自由与权威应该统一而不是对立。可是，福利国家制度好景不长，凯恩斯主义对自由放任等传统经济理论的颠覆性批判，积极国家理论的建立，并没有有效地解决国家与市民社会的关系，他们所设想的社会正义、和谐也没有真正兑现。在两次石油危机的冲击下，福利国家暴露出各种问题，走向衰退。

历史时刻总是重复的发生，当福利国家面临各种社会经济危机的时刻，作为对古典经济自由主义复兴的新自由主义开始走向历史舞台，这与当初福利制度的出台是古典自由主义面临崩盘的历史时刻惊人地相似。国家在新自由主义经济思想中再一次发生了变化，他们主张"去国家化"，即在市场经济的运行秩序中国家不应加以任意干预，国家应该是最小意义上的国家，这种国家不同于福利国家或社会主义国家，但也不同于古典经济自由主义的国家，它在强调市场秩序优先的同时，又提供一定的规则意义。在新自由主义思想中，国家与市民社会之间的关系与以往时代有所不同，新自由主义对市场自我调控优先性的强调，在一定程度上克服了福利制度所带来的经济危机，为经济带来了发展，但同时在福利国家中建立起来的国家与市民社会的微妙关系却被抛弃了。随着新自由主义策略的推进，在富人越富、穷人越穷的催化下社会暴力事件层出不穷，很多人开始缅怀福利国家的各种社会保障。

哈贝马斯把国家和社会的关系上升到哲学维度，他看到了经济系统和政治系统的重合，看到了国家在决策上将随时面临市民社会的评判，国家在左和右的摇摆中无法坚定自己的角色，国家总是在自由、民主、正义、公平的海洋中漂泊，国家总是面对现实而表现出无奈。国家对经济的干预惹火烧身，合理性危机、合法性危机随之而来。国家的角色在资本主义生产关系下无法准确定位，因为其病根在于私有制。哈贝马斯对问题的分析是深入的，他揭示出私有制与社会或大众民主之间的矛盾是福利国家陷入危机的真正根源，但他的理论却缺乏一种革命的骨气，因为他对资本市场抱有极大的幻想，他"不反对市场资本主义，而是只希望它能有点人情味，能顾到一点弱势群体，以保持战后西方各国好不容易获得的社会妥协，避免资本主义所取得的各项成就毁于一旦"①。批判理论在软弱的同情中，丧失了革命的坚定性，在对资本市场的留恋中，逐渐放弃了批判。所以，国家的角色在以哈贝马斯和奥菲为代表的系统危机理论中没有得到很好的回答。为了解决市民社会和国家的关系问题，哈贝马斯提出重建公共领域，科恩和阿拉托也推进了公共领域理论，但自然也没能够解决问题。

在左翼批判理论和新自由主义对国家与市民社会关系的论述中，都没有为福利国家指明一条未来发展的走向。相比之下，"第三条道路"在对国家与社会互动关系的把握中，却更为真实的对社会现实进行了呈现，并且为处理二者之间和二者之中所包括的各种关系、问题提供了切实的可操作性，摈弃了社会民主主义和新自由主义关于国家和市民社会"彼此消长"的对立关系。但其自身没有明确倾向的中立标记，也让其

---

① 张汝伦：《评哈贝马斯对全球化政治的思考》，《哲学研究》2001 年第 7 期。

面临着或左或右的危险，既有可能倾向于新自由主义，又有可能倾向于国家主义。"第三条道路"是对左右举棋不定的应对，国家的角色虽然体现其灵活性，但始终没有摆脱左右的困扰，"第三条道路"的衰退就是有力的证明。

2007 年美国发生次贷危机，美国经济面临严重衰退，危机迅速蔓延，从而导致二战以来最严重的全球金融危机。随着危机的发展和扩大，国家对经济领域的干预也逐渐扩大和深入。各国挽救危机的第一个举措是国有化。美国接管了陷入困境的两大住房抵押贷款融资机构房利美和房地美。根据接管方案，美国财政部将向房利美和房地美注资，并收购相关优先股；两大机构的首席执行官被限令离职，政府将成立联邦住房融资机构接管两大机构的日常业务，同时任命新领导人。保尔森称，美国政府将至多向这两家公司提供 2000 亿美元的资金；同时，财政部还计划购买由这两家公司发行的抵押贷款支持证券（MBS）到2009 年底，避免美国房市崩溃，以挽救美国经济。英国前财相达林也宣布了一项银行救助方案，受困银行获得至少五百亿英镑注资后，将被部分国有化。各国挽救危机的第二个举措是注资。美联储宣布了包括提高贷款拍卖额度和对银行准备金支付利息等多种手段扩大市场流动性；面对银行业危机加剧的局面，布朗批准了用纳税人资金为主要银行注资的举措，旨在重振人们对金融体系的信心，鼓励银行恢复放贷；日本央行通过向日本短期货币市场提供了多达四万亿日元资金的注资。各国挽救危机的第三个举措是降息。全球各大经济体的央行罕见地采取了整齐划一的行动：降息。美联储、欧洲央行、中国央行、英国央行等世界主要经济体央行发布声明，降低基准利率。各国挽救危机的第四个举措是改变监管措施。肇始于监管失误的此次金融危机，已开始改变美国乃至全球的金融监管思路和措施。正如《金融时报》在其社论《美国政府重写华尔街游戏规则》中写到的，"更具潜在重要意义的则是，政府的手伸得更长，权力也大幅延伸了"。2007 年诺贝尔经济学奖得主之一的埃里克·马斯金教授曾表示："美国次贷危机爆发的主要责任在政府的监管失误。"美国金融市场的运作和监管机制一直被视为全球的典范。但历史告诉我们，从来就没有完美无缺的制度。回顾美国自 1929 年金融大崩溃以来的金融监管演变可见，伴随着经济的起伏，先后经历了自由放任—加强管制—金融创新—加强监管—放松监管等多次转折。中国也受到了金融危机的严重冲击，中国政府也相应地采取了降息、扩大内需、注资等一系列措施，较好地缓冲了金融危机的冲击。2009 年 4 月初，G20 峰会在英国伦敦召开，20 国集团就货币体系改革、金融体系改革、协同全球刺激经济、反对贸易保护主义等议题展开讨论和博弈。虽然峰会上新兴经济体、美国及亲美国家、欧洲中心体之间主张各异，但是，毕竟迈出了全球应对金融危机的第一步。各国和国际社会在应对全球金融危机时，还要扮演更重要的角色。

从上述论述中，国家的角色呈现复杂化的趋势。国家既要保持自由市场的构建者及其守护人的角色，又要继续福利体制，在危机中改善其对策；既要缩小对市场的干预，又要在各个领域中加强控制力；既要坚持市场资本主义，又不能重走国家主义的道路；国家既要适应市场的发展调整其职能，又要全面提高自身管理能力；既要应对国内事务，又要融入全球化体系，发挥积极作用。

国家的角色的定位和市民社会的发展变化是离不开的，最终问题还是国家与社会的关系问题。通过上述历史的分析，可以得出，建立一种良好的市民社会与国家的关系，将为社会的发展带来巨大空间。在合作当中，国家不能中央集权，但必须要发挥强大有效的规划和控制作用；不能一意孤行，而是根据市场原则进行管理；不能放弃责任和不再参与塑造社会，任社会自行发展；不能与社会对立，而要国家和私利部门合作。同时，在合作当中，市民社会不能放任自由，而是要不断完善自身，增强自治能力；不要消极被动，而是要对国家进行监督，防止国家走向专制；不要放弃责任，而要与国家共同合作，参与政治，促使国家政策落实，促进自由、公正、民主等价值的实现；不要依靠国家，而是国家与市民社会共同促进公民福祉的实现。所以，在国家和市民社会关系中，要借鉴历史的经验教训，融合各个理论之长。当然，良好的合作关系的建立，需要在不断实践中摸索和完善。目前，公共治理理论在各国普遍受到关注，社会与国家之间的二元分立思维范式将被打破，国家与社会之间，政府与非政府组织之间，公共部门与社区、公民之间互相沟通、合作，共同面对、处理事务的机制模式得以实现。在这种机制中，面对新形势的发展变化，国家不仅要适时调整其社会职能的范围，承担起新的社会职能，还要改善其实施职能的政策和方针，以达到最佳执行效果。同时，社会也要不断完善结构要素，建立新型共同体。

四　自由人联合体——市民社会与国家二分架构的解体

在本章第二节当中，马克思在论述社会决定国家的观点时实际上已经萌生了国家和社会统一的思想。这一思想首先是建立在对黑格尔《法哲学》批判的基础上。黑格尔也看到了国家和市民社会二元化以来所表现出的严重对立状态。他的解决方式就是用永恒的国家来超越市民社会，并使国家和市民社会的矛盾在统一的国家中获得解决。马克思认为这是一个错误的历史观，指出市民社会和国家二分架构形成的原动力在市民社会本身，而不是黑格尔所说的国家本身。政治国家是人类社会发展到一定阶段必然的产物，没有人类社会由家庭发展到社会整个过程的基础就不会产生国家，国家不是跨越现实生活的理念的永恒产物。国家必然向作为原动力的社会复归。马克思的观点与黑格尔相反，是社会决定国家，国家将回归社会。

马克思在对市民社会和国家之间的"分裂"过程加以揭示的同时，也对市民社会和国家的未来消亡性统一进行了展望。马克思从人类不同阶段的历史特征出发，对市民社会与国家之间的由"同一"到"分裂"再到"统一"历程进行了分析。在古代社会，国家是自由民意志的体现，奴隶本身没有单独存在的客观性，他的存在完全依附于自由民，与此相对的是，市民社会本身没有存在的客观性，它的存在完全依附于国家，"市民社会是政治社会的奴隶"①；中世纪，市民社会与国家仍然"同一"，"市民社会的要素如财产、家庭、劳动方式，已经以领主权、等级和同业公会的形式上升为国家生活的要素"②；近代社会，在政治解放中，市民社会与国家发生了"分裂"，市民社会完全变成了纯粹的私人领域，而国家则成为公共生活领域。那么，在未来社会中，市民社会和国家将如何继续演变呢？马克思预测到，在共产主义社会即自由人

---

① 《马克思恩格斯全集》第1卷，人民出版社1956年版，第335页。
② 同上。

联合体阶段，国家和市民社会二分架构将解体并走向真正的同一，因为产生二分架构的历史条件和背景在共产主义社会即自由人联合体中不复存在，阶级、分工、私有制、利益之争等都被新的社会关系所取代，国家社会化，国家从社会中取得的一切特权都将回归社会。国家与市民社会二元化是国家与社会走向真正同一的必然阶段。不过，这种真正的同一不同于传统社会国家和社会的同一，而是社会收回赋予国家的权力，是实现整个社会生活都由人民自己掌握和自己统治，使国家失去统治的意义，"历史任务就是要政治国家返回实在世界"①。

马克思和恩格斯在《共产党宣言》中指出，未来人类共同的理想目标应当是自由人联合体，这是人的真正的共同体形式。这个共同体不同于以往的共同体，那些以往的共同体在强调个体存在的同时并不是与个人融为一体的存在，而是外在于个人的存在，在以往共同体中一个阶级与另一个阶级之间的矛盾斗争是它的主要内容，对被统治阶级来说，这个共同体不具有任何合法性意义。国家共同体作为"虚幻"的人的联合形式，只存在于资产阶级社会，资产阶级社会只是人类发展的一个阶段，它必将被人类历史的车轮所淘汰，人类最终向符合人的需要的联合体形式发展。

马克思认为市民社会与国家将在共产主义社会即自由人联合体实现扬弃自身的消亡性统一。主要是因为：

第一，在自由人联合体中，生产力极度发达，物质财富极大丰富，个人摆脱了生存的束缚，每个人的生产能力这一财富为整个社会所共有，"随着联合起来的个人对全部生产力的占有，私有制也就终结了"②，生产资料私有制已经没有存在的基础和必要，必然被彻底消除。而且也只有在这种条件下，人的本质才能在自由人联合体中得以实现和得到保障。

第二，自由人联合体取代"虚幻的共同体"，公共权力不再异化，不再凌驾于社会之上，不再被少数统治阶级所占有，整个社会也不需要国家出面管理公共事务，国家在现代社会所具有的公共性职能在自由人

---

① 《马克思恩格斯全集》第 1 卷，人民出版社 1956 年版，第 338 页。
② 《马克思恩格斯选集》第 1 卷，人民出版社 1995 年版，第 130 页。

联合体中将由社会代为行使，公共性的虚伪性将被克服，公共性获得了全面的公共性。所以，在自由人联合体中，国家失去了意义，成为不必要的多余的存在，必然消亡。这样，"国家政权对社会关系的干预在各个领域中将先后成为多余的事情而自行停止下来。那时，对人的统治将由对物的管理和对生产过程的领导所代替"①。"而旧政权的合理职能则从僭越和凌驾于社会至上的当局那里夺取过来，归还给社会的负责任的勤务员。"②

第三，在自由人联合体中，以资本为纽带的物质生产和交换关系结束了，阶级差别和阶级对立也因私有制的废除而终止，公共利益与私人利益的矛盾也消失了，伦理道德与法律规范都内化为公民的自觉行动，利己主义价值观与核心价值观也将被公共价值观取代。

第四，马克思说"人的本质是人的真正的共同体"。自由人联合体是人之所以为人的根本所在。个人的自由只有在这个共同体中才能实现，人的自由自在的活动、全面自我的实现只有在这个共同体中才具有可能性。

总之，从最初的氏族社会，到封建社会、资本主义社会等阶级社会，再到无阶级的自由人的联合体的社会，这是人类社会发展的辩证法。社会是永恒的，社会是目的，国家虽然是整个人类社会发展不可缺少的阶段，但国家只是工具，在自由人联合体阶段，国家必将完全社会化。

马克思的这一预测是有理论和现实根据的，符合历史发展的趋势。

马克思论述市民社会和国家将在共产主义社会消亡性统一的理论根据之一就是社会发展的三个阶段理论。即"人的依赖关系"阶段——"以物的依赖性为基础的人的独立性"阶段——自由人联合体阶段，这是马克思表述的人类历史发展的三大阶段。在这三个阶段，市民社会与国家关系表现出不同的形态，同时也表征了市民社会与国家关系演变的历史过程，并最终在最后的自由人联合体阶段实现统一。

马克思关于社会发展的三个阶段理论不是一种形式上的空想，而是

---

① 《马克思恩格斯选集》第3卷，人民出版社1995年版，第631页。
② 同上书，第57页。

与生产力和生产关系之间的辩证关系紧密联系在一起的，这充分体现出其现实本性。"人的依赖关系"阶段是以自然经济为基础的阶段，生产力发展水平极其低下，生产关系是自然生成的血缘关系。个人离不开共同体而存在，没有独立性。市民社会和国家在那个阶段根本不存在，氏族共同体是唯一的社会存在方式。"以物的依赖性为基础的人的独立性"阶段是以市场经济为基础的阶段，生产力高度发展，科学技术不断进步。正是在这一阶段，市民社会和国家从领域合一走向领域分离，而且，也正是这一阶段创造了自由人联合体实现的前提条件，即物质财富的极大丰富和资本主义的否定力量无产阶级。自由人联合体只有通过无产阶级革命，建立无产阶级专政，在资本主义的大工业和发达的生产力基础上才能得以实现。

　　生产力与生产关系之间的辩证张力，为社会的发展提供动力，在肯定社会异化形式存在的同时又否定社会异化形式的存在，即在推动社会自身异化形式创造的同时也积累着消除这种异化的力量。无产阶级将通过革命手段夺取政权，从而展开无产阶级专政，但革命只是手段而不是目的，目的是建立一个消除阶级和阶级对立的自由人联合体，这个自由人联合体即是共产主义社会。在这个阶段，高度发达的生产力决定了生产关系的变革。一切人与人之间、人与类之间，人与自然之间、普遍性和特殊性之间的异化现象必然消失。个人和社会都获得了全部彻底的解放，所有个体的人作为一个从事物质生产劳动的自由人，按照自己的实践本性自由地结合成为一个现实的联合体，在这样的组织形式中国家的存在将没有意义。

　　马克思论述市民社会和国家将在共产主义社会消亡性统一的理论根据之二就是异化劳动理论。劳动在马克思的视野中具有双重含义：一种劳动只是人类谋生的手段，体现着人类的不自由和动物性一面；另一种劳动则意味着它成为人的类本质，成为自由自觉的活动，成为人内在的需要，成为目的本身。在这个意义上，马克思把前一种劳动称为"物质生活的生产"，而把后一种劳动称为"自主活动"或"自由自觉的活动"。马克思认为，这两种活动以前是分开的，是由不同的人承担的。当这种活动分开的时候，人们能够清楚地认识到这两种活动的区别，意识到人的自主活动是目的，物质生活的生产只是自主活动的从属形式。

但是，到了资本主义社会，物质生活的生产完全取代了人的自主生活。物质生活成为目的，物质生活的生产成为手段。人类丧失了自主活动，出现劳动异化。劳动在与人自身保持联系的同时，已经丧失了自主的意义，劳动成了人得以存在而不得不出卖的本钱，在出售自己的劳动中，人不断地摧残着自己的生命，这是他唯一得以存活的手段。马克思提出劳动解放就是把人从异化劳动中解放出来，使劳动成为人"自由自觉的活动"。马克思深刻地批判资本主义社会的异化劳动是对人性的摧残和否定，他详细地分析了这种异化的表现。第一，工人同自己的劳动产品相异化。在资本主义条件下，工人生产的产品转化为商品，转化成资本，成为一种异己的力量，来剥削和压迫劳动者。人的物质生产劳动的产品，原本作为劳动的对象与劳动本身是一体性的关系，却变成了异于劳动的异己存在物，这种存在物不再依靠人的现实劳动而存在，而单独独立出来成为统治人的劳动的存在。这种现象就是在当今的商品经济社会依然存在，只不过是劳动者的劳动强度得到了缓解，劳动权利得到了法律的保障，但是异化本身却在不同的方面以不同的方式日益突出。生存矛盾是当今社会的主要问题。第二，工人同自己的劳动活动相异化。劳动本来是人的生存本能，人们在劳动中肯定自己，在劳动中不仅生产物质产品还能生产幸福，人们在劳动实践中积累着物质财富和精神财富，人们付出多少劳动就应该获得多少回报，劳动和回报是正比关系。可是，这些应然的逻辑在商品经济社会全部被否定。在现代社会，现实生活压力和生存境遇使人们普遍感觉到无助，劳动活动始终伴随着不幸、不自在、不舒畅。第三，人的类本质同人相异化。在现实的人的意义上，生产或劳动对象是人自身存在的一个重要内容，是人的类生命存在和彰显的重要平台，然而异化劳动却将生产对象转变为完全异于人的存在，从而使人的类本质与人相异化，人相对于动物的优势被异化劳动否定。相应的，从这种异化劳动的视角出发，人本身的自我活动和自由活动，不过是一种资本实现自身增殖的手段而已，人的类生活对人来说最大的意义就是维持人的肉体存在，而这个肉体不过是资本实现自身的一个工具。人本身的类生命，由于异化劳动的产生，发生了变化，人的类意识不再属于人本身，而是异于人的一种存在，由此，人异于动物的类本性与人本身的现实存在发生异化。第四，人同人相异化。这是上述三个方面的异化事实所造成的直接结果，在异化劳动的作用下，工人间的劳动关系已经不再是人自身存在意义上的关系，而是一种外在于人的异化关系。当劳动不再与人的现实存在为一体的时候，工人就不是通过劳动来实现自身，而是作为一种生产劳动产品的手段而存在，这时，人同人发生异化。尽管对资本主义生产关系进行了激烈的批判，但马克思对资本主义生产劳动并不持完全否定的态度。马克思认为人们的自主活动最终还需要建立在物质生活生产的极大发展之上，只有这样，人们才能摆脱物质生产的束缚进入到物质生产高度发达、产品极大丰富的"自由王国"或共产主义阶段。

马克思的自由联合体思想是在对生产力与生产关系的辩证把握基础上加以论证的，并且也正是从二者的关系出发对人类社会发展的历史规律进行揭示。马克思认为，构成社会整体的各种要素是相互影响、相互促进的，这些因素的发展走的是同一历史发展道路，共同推进社会发展到自由人的联合体阶段。

总之，在自由人联合体中，劳动摆脱了物质生活生产形式的束缚，成为自主活动，实现了自主活动与物质生活的一致；个人摆脱了固定分工的局限，消除了社会异化和政治强制，成为"完全的个人的发展"；交往摆脱了地域、狭窄社会关系和功利目的，成为基于个人本身需要的交往。个人实现了与人的类本质的统一。市民社会和国家二分架构模式也将最终结束其历史使命，统一于自由人联合体。

五　中国市民社会的构建及价值

继十七大报告提出"发挥社会组织在扩大群众参与、反映群众诉求方面的积极作用，增强社会自治功能"之后，党和政府又在"十二五"规划纲要中，首次正式提出要"加强社会组织建设"。对社会组织以管制为主，逐步转向为以培养和鼓励为主，这是党和政府在市民社会建设方面的一个实质性转变。

经过改革开放30多年的历程，我国市场经济的发展不断深化和完善，从而为中国市民社会的建立和发展壮大奠定了坚实的基础。中国市民社会的建设日益突显其必要性和重要性。同时，与其社会实践相对应的市民社会理论研究也应该不断深入，以适应市民社会在中国茁壮成长的局面，为中国市民社会的发展提供理论支撑，解决中国特色社会主义建设道路上面临的重点问题。

借鉴和超越西方市民社会构建的经验和教训，避免国家和市民社会关系出现大起大伏的波动性，并根据中国国情，借助国家的力量推动中国市民社会的构建，实现国家与社会关系的良性互动，这是中国市民社会构建的必由之路。

（一）完善中国特色的社会主义市场经济体系

市民社会建立的根本条件就是市场经济体系的建立。中国建立有中国特色的社会主义市场经济体系，就为中国市民社会的建立提供了可能和条件。深化社会主义市场经济改革，健全社会主义市场经济体系，完善市场经济的多重向度，是建设中国市民社会的必然之路。第一，要大力发展生产力，这是市场经济的强心剂。市场经济快速和稳定发展，是中国市民社会建设的重要基础和最基本条件。第二，发展生产力并非市场经济的唯一向度，符合社会正义同样是市场经济必须具备的价值向度。要在对抗性的竞争中，努力营造合作共赢的经济平台，培养人们关注公共问题的意识，培育出人们的民主、平等和法制意识。第三，在市场经济体系中要建立私有产权制度，保证个人、社会集团等经济主体的自由活动、平等地位、自主性和独立性。第四，建立社会主义市场经济秩序，保证市场主体交易活动的有序化、法制化、规范化、制度化。市场秩序越规范，市民社会的发展就越健全。

（二）转变政府职能，树立市民社会与国家良性互动思维模式

在市民社会与国家二分架构之下，市民社会与国家再也不能走对立之路，国家大包大揽或者放任不管都不符合社会发展实践的需要。整个社会要在更广阔的空间内获得稳定发展，就必须建立良性互动的市民社会与国家关系。互动关系的建立要求国家在执行社会治理职能时，不能走中央集权的老路，不能一意孤行，不能与社会对抗，而是需要从事事巨细的管理方式中走出来，发挥其宏观的规划、引导和掌控作用；需要在不断实践中实现管理方式和管理职能的转变，调整国家管理社会职能

的范围，建立有限政府；需要提高政府工作效率，提高政府执行效果；需要促进自由、民主、公正、公平等价值观的实现；需要树立服务市民社会的观念。总之，要打破市民社会与国家之间的独立、对抗的思维模式，树立公共治理理念，实现市民社会与国家之间，各种非政府组织与政府之间，公共权力机构与民间组织、个人主体之间的合作和沟通，共同处理面临的各种社会问题，建立官民共治的管理模式。

（三）　加强市民社会中的公共伦理

公共伦理形成于市民社会中不同主体在经过讨论、纷争、冲突等过程之后达成的不同于单个个体意见的共同性和普遍性认识。公共伦理在长期的实践中将内化为全体市民社会成员的意志和信念，是市民社会稳定发展的必要保障。首先，公共伦理是规范市民社会成员的具有一般性意义的规则，是市民社会有序活动的保障，没有公共伦理的规范市民社会将出现混乱。其次，公共伦理作为市民社会的凝聚性力量，能够引导人们形成正确的价值观，避免骤然产生的非理性冲动，构建理性和健康的市民社会认知结构。最后，公共伦理是公共权力机构决策合理性、合法性的重要保证和评判依据。

（四）　大力培育发展社会组织，加强社会组织规范管理

加强社会组织建设是促进政府职能转变、推动民主政治发展的客观需要，是完善市场功能的重要手段，是加强社会管理、增强社会自治功能的内在要求，是整合社会资源，实现市民社会与国家良性互动的有效途径。在培育发展社会组织方面：（1）突出发展重点。重点培育发展基层社会组织、公益慈善类社会组织、公共服务类社会组织等。(2) 放宽准入条件，扩大直接登记范围。（3）加大政策扶持力度，对社会组织给予大力扶持。（4）构建社会组织公共服务平台。（5）逐步明确政府职能和社会组织职能。在加强社会组织规范管理方面：（1）加强社会组织宏观管理，实现社会组织数量增长、结构优化和质量提升的协调统一。(2) 明确社会组织监管职责，依法对社会组织进行管理。(3) 建立公开透明的社会监督机制，建立社会组织评估、考核办法。（4）健全社会组织自律机制。督促社会组织依据法律法规，建立健全行规行

约、从业人员行为准则和职业道德规范。（5）加大行政执法力度，依法查处社会组织违法行为，坚决取缔非法社会组织。总之，国家对待社会组织的正确态度应该是依法管理、放松管制、积极培养、给予扶持，积极发挥实现官民共治格局。

建立中国特色市民社会及其发展中国特色市民社会理论有着重要的意义。

第一，中国特色市民社会的实践以及相应的中国特色市民社会理论的研究有助于纠正我们对马克思主义历史理论的片面理解，同时也有助于丰富建设中国特色社会主义理论。在对社会历史发展规律进行分析时历史唯物主义强调一种动态把握方式，而对社会结构进行分析时历史唯物主义强调一种静态的把握方式。以往我们只是片面的注重和强调动态的把握方式，即从生产力和生产关系、经济基础和上层建筑的辩证运动过程中把握人类社会发展规律。而现在，如果我们还坚持用社会变革的理论来解释急需解决的社会秩序、社会稳定、社会结构等问题，就会出现严重的理论偏差。中国市民社会和国家关系这一问题的研究正是历史唯物主义所强调的静态的把握方式，即通过对当今社会结构进行分析和提供理论支撑、理论自觉，来保证社会稳定发展。

第二，深入地研究市民社会理论，可以使我们更加全面地把握现代社会中的各种社会关系，匡正当今流行的经济学思维方式对市场经济社会的片面理解。经济交往关系的确是市场经济社会中最为重要的社会关系，但是并不是它全部的社会关系；商品交换领域的确是市场经济社会中最为基本的领域，但是它也不是整个市场经济社会。市民社会的观念，是将社会看作一个多种因素相互作用而构成的综合体的社会政治哲学的观念。在这种观念中，国家与社会的关系不再仅仅被解读为国家与市场的关系，社会生活与政治生活的关系也不再仅仅被解读为经济体制与政治体制的关系，而是力图从社会伦理和国家法律、社会理性和公共权力的关系上理解它们之间的区别和联系。

第三，深入地研究市民社会理论，将会为政治学、社会学、社会历史哲学等学科对国家和社会以及二者关系的研究开辟新的视角，提供新的方法。在认识方法上，以往我国理论界对于社会和国家及二者关系的认识，基本上没有突破常识性思维方式的限制。人们要么把它们看作实体性的概念，在这个意义上它们是同一的；要么把它们看作分析性的概念，在这个意义上它们又是不相关的。这样一来，社会与国家就不处于一种相互关系之中，它们之间的关系也就不构成一个理论或现实的问题。而市民社会的观念恰恰提供了一种全新的切入点。作为实体性概念，它把社会和国家看作是在结构中可分的；作为分析性概念，它把社会和国家看作是密切依存的。这种观念和方法抓住了市民社会和政治国家的本质特征，抓住了它们之间关系的实质，因而对现代社会中的许多问题具有很强的理解力，必可为社会可续的相关研究提供一种不同旧有理论的方法论支援。

第四，中国经济体制改革和政治体制改革并没有同步进行，政治体制改革相对缓慢，中国市民社会的建设能够有力地推动政治体制改革。政治体制的改革不仅要靠政府自身的自觉，更需要一个健康的市民社会的存在。中国市民社会的建立和发展能够消化经济体制改革过程中出现各种问题，同时也为政府职能的转变提供了可能。公共权力机构政策的合理性、合法性需要市民社会的检验，市民社会的各种诉求为政府职能转变提供方向和动力。政府机构的臃肿、腐败的滋生、官本位的意识形态将在市民社会的发展完善过程中得到有效遏制。

官民共治格局的形成，市民社会与国家的良性互动，将会保障中国整个社会健康、有序的发展。

第五，市民社会的形成，是中国的社会结构由传统到现代转型的重要标志。当今中国正在经历着从传统社会向现代社会的转型。以往我国理论界较多地从经济、政治、文化的角度探讨了这个转型的过程和意义，而从综合的角度来看，这个社会转型则表现为：它必将导致一个市民社会的形成。也就是说，从整个社会的结构上看，市民社会和政治国家的相互分离和它们之间的良性互动正是现代社会的发展目标，进入现代社会的一个重要标志就是市民社会的建立和完善。在中国社会转型的关键历史时期，我们绝不能回避市民社会理论问题的研究，这些研究不仅会为转型的社会实践提供理论上的指导，而且会为从事社会活动的人们提供激励性的理想指引。

参 考 文 献

A. 普通图书

［1］马克思、恩格斯：《马克思恩格斯选集》第1—4卷，人民出版社1995年版。

［2］马克思、恩格斯：《马克思恩格斯选集》第1—4卷，人民出版社1972年版。

［3］马克思、恩格斯：《马克思恩格斯全集》第1卷，人民出版社1956年版。

［4］马克思、恩格斯：《马克思恩格斯全集》第2卷，人民出版社1957年版。

［5］马克思、恩格斯：《马克思恩格斯全集》第3卷，人民出版社1956年版。

［6］马克思、恩格斯：《马克思恩格斯全集》第21卷，人民出版社1956年版。

［7］马克思、恩格斯：《马克思恩格斯全集》第30卷，人民出版社1995年版。

［8］马克思、恩格斯：《马克思恩格斯全集》第42卷，人民出版社1956年版。

［9］马克思、恩格斯：《马克思恩格斯全集》第46卷（上），人民出版社1979年版。

［10］马克思：《1844年经济学哲学手稿》，人民出版社1979年版。

［11］恩格斯：《家庭、私有制和国家的起源》，人民出版社1999年版。

[12] 列宁：《哲学笔记》，人民出版社 1993 年版。

[13] 列宁：《国家与革命》，人民出版社 2001 年版。

[14] 麦克莱伦：《马克思以后的马克思主义》，中国人民大学出版社 2004 年版。

[15] 亚里士多德：《政治学》，商务印书馆 1965 年版。

[16] 霍布斯：《利维坦》，商务印书馆 1985 年版。

[17] 卢梭：《论人类不平等的起源与基础》，红旗出版社 1997 年版。

[18] 卢梭：《社会契约论》，商务印书馆 1985 年版。

[19] 洛克：《政府论》，商务印书馆 1980 年版。

[20] 休谟：《人性论》，商务印书馆 1980 年版。

[21] 黑格尔：《法哲学原理》，商务印书馆 1982 年版。

[22] 黑格尔：《历史哲学》，商务印书馆 1963 年版。

[23] 帕森斯：《现代社会的结构与过程》，光明日报出版社 1988 年版。

[24] 查尔斯·霍顿·库利：《人类本性与社会秩序》，华夏出版社 1989 年版。

[25] 丹尼尔·贝尔：《资本主义文化矛盾》，生活·读书·新知三联书店 1989 年版。

[26] 哈贝马斯：《交往行动理论——行动的合理性和社会合理性》第 1 卷，重庆出版社 1994 年版。

[27] 哈贝马斯：《交往行动理论——论功能主义理想批判》第 2 卷，重庆出版社 1994 年版。

[28] 哈贝马斯：《交往与社会进化》，重庆出版社 1989 年版。

[29] 哈贝马斯：《公共领域的结构转型》，重庆出版社 1989 年版。

[30] 哈贝马斯：《合法化危机》，上海人民出版社 2000 年版。

[31] 沃尔夫：《市场或政府》，中国发展出版社 1994 年版。

[32] 约翰·基恩：《公共生活与晚期资本主义》，社会科学文献出版社 1999 年版。

[33] 约翰·基恩：《市民社会——旧形象，新观察》，上海远东出版社 2006 年版。

[34] 马克·尼奥克里尔斯：《管理市民社会》，商务印书馆 2008 年版。

[35] 亨利希·库诺：《马克思的历史、社会和国家学说》，上海译文出

版社 2006 年版。

[36] 汉娜·阿伦特：《人的条件》，上海人民出版社 1999 年版。

[37] 马尔库塞：《理想和革命》，重庆出版社 1993 年版。

[38] 马尔库塞：《单向度的人》，重庆出版社 1993 年版。

[39] 葛兰西：《实践哲学》，重庆出版社 1990 年版。

[40] 葛兰西：《狱中札记》，人民出版社 1983 年版。

[41] 阿尔都塞：《保卫马克思》，商务印书馆 2006 年版。

[42] 阿尔都塞：《读〈资本论〉》，中央编译出版社 2001 年版。

[43] 德里达：《马克思的幽灵》，中国人民大学出版社 1999 年版。

[44] 詹明信：《晚期资本主义的文化逻辑》，生活·读书·新知三联书店 1997 年版。

[45] 马克斯·舍勒：《资本主义的未来》，生活·读书·新知三联书店 2003 年版。

[46] 维尔默：《论现代和后现代的辩证法》，商务印书馆 2003 年版。

[47] 阿格尼丝·赫勒：《现代性理论》，商务印书馆 2005 年版。

[48] 乌尔里希·贝克等：《自反性现代化》，商务印书馆 2004 年版。

[49] 戴维·哈维：《后现代的状况》，商务印书馆 2003 年版。

[50] 大卫·库尔珀：《纯粹现代性批判》，商务印书馆 2004 年版。

[51] 凯尔纳、贝斯特：《后现代理论》，中央编译出版社 2004 年版。

[52] 吉登斯：《现代性的后果》，译林出版社 2000 年版。

[53] 弗格森：《市民社会史》，中国政法大学出版社 2003 年版。

[54] 贾斯廷·罗森伯格：《市民社会的帝国——现实主义国际关系理论批判》，江苏人民出版社 2002 年版。

[55] 马丁·阿尔布劳：《全球时代——超越现代性之外的国家和社会》，商务印书馆 2004 年版。

[56] 沃尔夫冈·查普夫：《现代化与社会转型》，社会科学文献出版社 1998 年版。

[57] 斐迪南·藤尼斯：《共同体与社会——纯粹社会学的基本概念》，商务印书馆 1999 年版。

[58] 安东尼·吉登斯：《社会的构成》，生活·读书·新知三联书店 1998 年版。

[59] 安东尼·吉登斯：《第三条道路——社会民主主义的复兴》，北京大学出版社 2000 年版。

[60] 安东尼·吉登斯：《民族——国家与暴力》，生活·读书·新知三联书店 1998 年版。

[61] 塞缪尔·亨廷顿：《变化社会中的政治秩序》，生活·读书·新知三联书店 1989 年版。

[62] 诺姆·乔治斯基：《新自由主义和全球秩序·导言》，江苏人民出版社 2000 年版。

[63] 布莱尔：《新英国：我对一个年轻国家的展望》，世界知识出版社 1998 年版。

[64] 赫伯特·斯宾塞：《国家权利与个人自由》，华夏出版社 2000 年版。

[65] 齐格蒙特·鲍曼：《共同体》，江苏人民出版社 2003 年版。

[66] 高清海：《高清海哲学文存》1—6 卷，吉林人民出版社 1997 年版。

[67] 高清海：《高清海哲学文存·续编》1—3 卷，黑龙江教育出版社 2004 年版。

[68] 杨魁森：《当代哲学与社会发展》，中国文联出版社 2004 年版。

[69] 孙利天：《论辩证法的思维方式》，吉林人民出版社 2006 年版。

[70] 贺来：《现实生活世界——乌托邦精神的真实根基》，吉林教育出版社 1998 年版。

[71] 贺来：《边界意识和人的解放》，上海人民出版社 2007 年版。

[72] 艾福成：《马克思主义哲学著作研究》，吉林大学出版社 2004 年版。

[73] 刘福森：《西方文明的危机与发展伦理学》；江西教育出版社 2005 年版。

[74] 邓正来：《国家与市民社会——一种社会理论的研究路径》，中央编译出版社 1998 年版。

[75] 邓正来：《国家与社会——中国市民社会研究》，四川人民出版社 1997 年版。

[76] 邓正来：《市民社会理论的研究》，中国政法大学出版社 2002

年版。

［77］郁建兴：《马克思国家理论与现时代》，东方出版中心 2007 年版。

［78］王晓升：《哈贝马斯的现代性社会理论》，社会科学文献出版社 2006 年版。

［79］俞可平：《权利政治与公益政治》，社会科学文献出版社 2005 年版。

［80］蔡英文：《主权国家与市民社会》，北京大学出版社 2006 年版。

［81］汪晖、陈燕谷：《文化与公共性》，生活·读书·新知三联书店 2005 年版。

［82］李佃来：《公共领域与生活世界》，人民出版社 2006 年版。

［83］王新生：《市民社会论》，广西人民出版社 2003 年版。

［84］陈晏清：《当代中国社会转型论》，山西教育出版社 1998 年版。

［85］王南湜：《从领域合一到领域分离》，山西教育出版社 1998 年版。

［86］俞吾金：《重新理解马克思》，北京师范大学出版社 2005 年版。

［87］杨耕：《为马克思辩护》，黑龙江人民出版社 2002 年版。

［88］邓晓芒：《邓晓芒讲黑格尔》，北京大学出版社 2006 年版。

［89］杨祖陶：《康德黑格尔哲学研究》，武汉大学出版社 2001 年版。

［90］吴晓明：《形而上学的没落》，人民出版社 2006 年版。

［91］衣俊卿：《20 世纪的文化批判》，中央编译出版社 2003 年版。

［92］刘小枫：《现代性社会理论绪论》，上海三联书店 1998 年版。

［93］邹诗鹏：《生存论研究》，上海人民出版社 2005 年版。

［94］张国钧：《“乌托邦”还是“科学”——马克思人的解放思想研究》，吉林大学出版社 2007 年版。

［95］欧力同：《哈贝马斯的“批判理论”》，重庆出版社 1997 年版。

［96］陈学明：《哈贝马斯的“晚期资本主义”论述评》，重庆出版社 1993 年版。

［97］孔繁斌：《公共性的再生产》，江苏人民出版社 2008 年版。

［98］周宪：《审美现代性批判》，商务印书馆 2005 年版。

［99］郭湛、王维国、郑广永：《社会公共性研究》，人民出版社 2009 年版。

G. 期刊中析出的文献

[1] 何增科:《市民社会概念的历史演变》,《中国社会科学》1994 年第 5 期。

[2] 邓正来:《关于"国家与市民社会"框架的反思与批判》,《吉林大学社会科学学报》2006 年第 5 期。

[3] 王兆良:《马克思的"市民社会"思想新思考》,《哲学动态》1998 年第 7 期。

[4] 陈晏清:《马克思的市民社会理论及其意义》,《大津社会科学》2001 年第 4 期。

[5] 郁建兴:《马克思的市民社会概念》,《社会学研究》2002 年第 1 期。

[6] 郁建兴:《马克思的政治哲学遗产》,《中国社会科学》2006 年第 6 期。

[7] 郁建兴、周俊:《全球化进程中国家与社会的关系》,《哲学研究》2003 年第 4 期。

[8] 郁建兴:《马克思的国家理论与现时代》,《河北学刊》2005 年第 3 期。

[9] 杨仁忠:《论政治哲学视域中的市民社会》,《社会科学辑刊》2005 年第 6 期。

[10] 李淑珍:《马克思市民社会概念辨析》,《学术界》1997 年第 1 期。

[11] 李淑珍:《论马克思的市民社会与国家的思想及其历史与现实意义》,《学术月刊》1996 年第 9 期。

[12] 李佃来:《马克思关于国家与市民社会关系内涵之探讨》,《湖北行政学院学报》2007 年第 3 期。

[13] 李佃来:《生活世界之市民社会理论的再建构:柯亨与阿拉托的努力》,《人文杂志》2006 年第 4 期。

[14] 李佃来:《哈贝马斯市民社会理论探讨》,《哲学研究》2004 年第 6 期。

[15] 王浩斌:《市民社会批判与马克思主义哲学研究范式的转换》,

《华东师大学报》（哲学社会科学版）2007 年第 3 期。

[16] 王浩斌：《市民社会"契约性"社会自治与人的本质表现样态之历史嬗变》，《成都理工大学学报》（社会科学版）2006 年第 9 期。

[17] 荣剑：《马克思的国家和社会理论》，《中国社会科学》2001 年第 3 期。

[18] 晏辉：《论市民社会的现代形态——从文化角度看市民社会》，《北京师范大学学报》（社会科学版）1999 年第 3 期。

[19] 方朝晖：《市民社会与资本主义国家的合法性——哈贝马斯的合法性学说》，《中国社会科学季刊》1993 年第 8 期。

[20] 方朝晖：《市民社会的两个传统及其在现代的汇合》，《中国社会科学》1994 年第 5 期。

[21] 蔡拓：《市场经济与市民社会》，《天津社会科学》1997 年第 3 期。

[22] 高兆明：《市民社会的建立与家庭精神的破灭——兼论"市民社会"研究进路》，《学海》1999 年第 3 期。

[23] 黄显中：《个人主义与市民社会——关于个人主义的一种解释》，《伦理学研究》2003 年第 6 期。

[24] 陆树程：《市民社会与当代伦理共同体的重建》，《哲学研究》2003 年第 4 期。

[25] 仰海峰：《超越市民社会与国家：从政治解放到社会解放——马克思的国家与市民社会理论探讨》，《东岳论丛》2005 年第 3 期。

[26] 刘怀玉：《"面向生活"的现代性政治哲学难题与超越》，《南京社会科学》2006 年第 12 期。

[27] 陈炳辉：《国家与利益——现代西方的四种国家观》，《东南学术》2005 年第 3 期。

[28] 郭湛、谭清华：《公共利益：马克思唯物史观的解读》，《哲学研究》2008 年第 5 期。

[29] 伍俊斌：《有限政府理念建构的哲学之维》，《重庆社会科学》2005 年第 8 期。

[30] 张康之：《论"后国家主义"时代的社会治理》，《江海学刊》

2007 年第 1 期。

[31] 刘军：《马克思国家观的三大理论创新》，《河北学刊》2006 年第 6 期。

[32] 高晓红：《公共权力异化的伦理制约》，《深圳大学学报》（人文社会科学版）2008 年第 3 期。

[33] 刘圣中：《私人性与公共性——公共权力的两重属性及其归宿》，《浙江学刊》2003 年第 2 期。

[34] 张富：《论公共行政权力的属性、异化及其超越》，《四川大学学报》（哲学社会科学版）2007 年第 1 期。

[35] 陈国权、徐露辉：《论政府的公共性及其实现》，《浙江社会科学》2004 年第 4 期。

[36] 仰海峰：《国家：自由与伦理的现实体现——读黑格尔〈法哲学原理〉》，《福建论坛·人文社会科学版》2005 年第 5 期。

[37] 高兆明：《公共权力：国家在现时代的历史使命》，《江苏社会科学》1999 年第 4 期。

[38] 汪志强：《论国家公共权力的历史变迁》，《探求》2004 年第 6 期。

[39] 郁建兴、周俊：《论当代资本主义国家与社会关系的变迁》，《中国社会科学》2002 年第 6 期。

[40] 谢岳：《"第三域"的兴起与"政府空心化"》，《学术研究》2000 年第 4 期。

[41] 詹世友：《公共领域·公共利益·公共性》，《社会科学》2005 年第 7 期。

[42] 张康之、张乾友：《从共同生活到公共生活》，《探索》2007 年第 4 期。

[43] 傅永军：《公共领域与合法性——兼论哈贝马斯合法性理论的主题》，《山东社会科学》2008 年第 3 期。

[44] 王兆良：《哈贝马斯的"公共领域"概念》，《安徽农业大学学报》（社会科学版）2002 年第 6 期。

[45] 弗·克·考夫曼：《社会福利国家面临的挑战》，《科学社会主义》2006 年第 3 期。

［46］徐延辉:《福利国家的风险及其产生的根源》,《政治学研究》2004 年第 1 期。

［47］郭忠华:《资本主义困境与福利国家矛盾的双重变奏》,《中山大学学报》(社会科学版) 2007 年第 5 期。

［48］杨玲:《"第三条道路"与福利国家改革》,《长白学刊》2004 年第 5 期。

［49］徐觉哉:《当代社会民主党及其"第三条道路"》,《上海社会科学院学术季刊》2001 年第 3 期。

［50］李远行:《吉登斯"第三条道路"政治思想述评》,《南京大学学报》(哲学·人文科学·社会科学版) 2001 年第 3 期。

［51］陈泽华、张智勇:《第三条道路:当代资本主义发展的新模式》,《教学与研究》1999 年第 11 期。

［52］李青:《第三条道路:历史、现状及发展前景》,《科学社会主义》1999 年第 4 期。

［53］中国社会科学院课题组:《新自由主义研究》,《马克思主义研究》2003 年第 6 期。

［54］方福前:《新自由主义及其影响》,《高校理论战线》2003 年第 12 期。

［55］于同申:《20 世纪末新自由主义经济思潮的沉浮》,《中国人民大学学报》2003 年第 5 期。

［56］刘昀献:《论 20 世纪以来西方主流意识形态的演变及其功能》,《河南大学学报》2004 年第 5 期。

［57］褚鸣:《批判的新自由主义与新自由主义批判》,《国外社会科学》2005 年第 4 期。

［58］程恩富:《新自由主义的起源、发展及其影响》,《求是》2005 年第 3 期。

［59］张世鹏:《关于新自由主义研究的几个问题》,《当代世界与社会主义》2003 年第 6 期。

［60］周穗明:《西方新自由主义理论及其批判》,《岭南学刊》2002 年第 2 期。

［61］吴向东:《论价值观的形成与选择》,《哲学研究》2008 年第

5 期。

[62] 兰久富：《价值观念的社会生活根基》，《北京师范大学学报》
（哲学社会科学版）1993 年第 5 期。

[63] 侯淑芳：《论社会核心价值理念》，《佳木斯大学社会科学学报》
2008 年第 2 期。

[64] 徐明宏：《论家庭的内聚化和多元化》，《浙江社会科学》2004 年
第 5 期。

[65] 王莹：《近代早期英国个人主义的成长与核心家庭的兴起》，《武
汉科技大学学报》（社会科学版）2008 年第 6 期。

[66] 陈璇：《当代西方家庭模式变迁的理论探讨：世纪末美国家庭论
战再思考》，《湖北社会科学》2008 年第 1 期。

[67] 李晓红：《重建"人民生活"和"国家生活"的同一性——论〈黑
格尔法哲学批判〉的主题》，《辽宁师范大学学报》2005 年第 1 期。

[68] 何萍：《人的全面而自由发展与市民社会》，《武汉大学学报》（人
文科学版）2002 年第 3 期。

[69] 陈炳辉：《国家与利益——现代西方的四种国家观》，《东南学术》
2005 年第 3 期。

[70] 张政文：《康德与黑格尔国家理论中关于现代性的分歧》，《哲学研
究》2007 年第 2 期。

[71] 汪信砚、夏昌奇：《论黑格尔的市民社会概念》，《武汉大学学报》
（人文科学版）2007 年第 3 期。

[72] 俞吾金：《论马克思对德国古典哲学遗产的解读》，《中国社会科
学》2006 年第 2 期。

[73] 格哈特·克鲁伊普：《市民社会在现代国家发展中的作用》，《世界
经济与政治》2004 年第 3 期。

[74] 菅从进、宗培：《西方古典市民社会论要》，《广西社会科学》2004
年第 6 期。

[75] 王新生：《现代市民社会概念的形成》，《南开学报》2000 年第
3 期。

[76] 郭湛、曹鹏飞：《哲学视域中的公共性及其当代诠释》，《齐鲁学
刊》2005 年第 1 期。

［77］郁建兴、吕明再：《治理：国家与市民社会关系理论的再出发》，《求是学刊》2003 年第 4 期。

［78］王南湜：《重思国家与经济的关系——马克思与全球化》，《江海学刊》2002 年第 1 期。

［79］郁建兴：《从政治解放到人类解放——马克思政治思想初论》，《中国社会科学》2000 年第 2 期。

［80］田海平：《日常生活转型与公共伦理意识》，《求是学刊》1999 年第 4 期。

［81］赵汀阳：《城邦、民众和广场》，《世界哲学》2007 年第 2 期。

［82］谢维雁：《公民的历史变迁》，《四川师范大学学报》（社会科学版）2007 年第 3 期。

［83］焦文峰：《韦伯科层制理论分析》，《齐齐哈尔师范学院学报》（哲学社会科学版）1998 年第 2 期。

［84］余世喜：《从私人领域与公共权力领域的关系看资产阶级公共领域的变迁》，《马克思主义与现实》2007 年第 2 期。

［85］张汝伦：《评哈贝马斯对全球化政治的思考》，《哲学研究》2001 年第 7 期。